みんなで大家さんビッグバンシリーズ　経済編

ミラクルマネー

国民所得倍増&国の借金1100兆円完済への道

共生バンクグループ会長・CEO
柳瀬公孝

辰巳出版

はじめに

街のどこを歩いてもマスクで顔を覆った人ばかり……。そんな、いつもの夏とまったく違う様相だった２０２０年８月18日。朝刊各紙の１面にこぞって載った記事は衝撃的でした。

内閣府が発表した２０２０年４～６月期の国内総生産（ＧＤＰ）速報値は、年率換算で27・８％減少という過去にない数字。リーマン・ショックに見舞われた２００９年の17・８％減少を大きく上回り、戦後最大の落ち込みが確実であることが明らかになったのです。

まさに、コロナ禍がもたらした日本経済への重大なダメージ。あらためて、その深刻な影響の度合いが浮き彫りになりました。

今回の新型コロナウイルスが与えた経済への莫大なマイナス効果は、そのまま日本の国家財政を直撃することになります。

すでに**国の財政赤字は、この半世紀の間に積もりに積もって、１１００兆円というとんでもない額へと膨らんでいます。**この金額は、これまで折に触れて報道されているように、国民1人あたりに換算すれば、実に800万円強。あなたも、あなたのお子さんやお孫さんも、例外なくそれだけの借金を背負って生活していることになるのです。

そんな途方もない借金を抱える国の窮状を襲った、今回のコロナ禍。企業業績の悪化による大幅な税収の減少と、国民生活を守るという名目での度重なる財政出動……。今や国の財政は舵取りを失った漂流船のごとく、光の見えない暗黒の海へと、さらに帆を進めてしまいつつあるようです。

私はこれまで、**「みんなで大家さん」という不動産ファンド事業**を通して、安定した賃貸利益を分配する資産運用で、多くの会員の方々に投資による確かな価値を享受してもらってきました。

こうした事業で着実な歩みを続け、微力ではありますが、様々な公的事業を通じて社会の役に立つための実践をしてきたからこそ、こうした国の財政状況を、本気で心配しているのです。

こんな世の中を、絶対に自分の子どもや孫には残したくない。生まれながらに莫大な借金を背負わされているような国で、一生を送ってほしくない――。そう真剣に考えてきたのです。

また、コロナ禍で企業や国民の所得は総じて落ちています。

そこで、私はあるプロジェクトを実行に移します。

日本の明るい未来を、自らの手で手繰り寄せます。


現状の国の課題を明確に認識しながらも、掛け声だけで具体的な行動は何も起こさず、膨大な借金を次の世代に体裁よく先送りしている今の政治家たちは、まったく当てにはなりません。もはや口先だけの改革では、日本の財政状況を改善できないことは火を見るより明らかなのです。

であれば、良心的で伝統的な、私たち国民の力で日本の遺伝子を呼び起こし、日本の経済と財政に変革を起こそうではありませんか。

実際に経済を動かしている経営者や個人事業主、ビジネスマンやパート・アルバイトの方、そしてもちろん主婦の皆さんもそうです。私たちみんなの力で日本経済に強烈なインパクトをもたらし、所得を倍増し日本の借金をゼロにするための、決定的なパラダイムシフトにつながるアクションを、共に起こすべきではないか――。そう考え、実行に移すことにしたのです。

その秘密が、都市開発による資産形成と外需の獲得で生み出すミラクルマネーであり、日本経済の新たなエンジンとなるべくスタートした一大プロジェクトです。

２０２４年の開業に向けて第一歩を踏み出した、**「共生《ともいき》日本《にっぽん》ゲートウェイ成田」**という商業の巨大な街づくりプラン。成田空港からわずか3分という好立地に建設される、敷地面積45・5万平方メートル、建物延床面積50万㎡、東京ドーム10個分に相当するこの巨大な商業都市開発と稼働が、国民の所得を倍増し、日本の財政赤字をゼロにするためのモデルケースとなり得ます。

日本経済のビッグバンを実現するためのリアルなストーリーとして、日本という国で税金を払い続ける、すべての人に読んでほしい起死回生のプランなのです。

本書のテーマは、明快です。日本の財政赤字、つまり国の借金をゼロにするための具体的なプランの提示がその主旨です。

国全体で１１００兆円、国民１人当たり約８００万円（一世帯当たり約２０００万円）もの借金を背負っている現状を、次の世代に残さないための方法。驚くほどの短期間で日本の借金をゼロにするための、起死回生のリアルな方法を、本書で公開していきます。

また、具体的なモデルプランである巨大な「街づくり」を通じて、国の借金返済の道筋を実証し、同時に企業所得及び国民所得倍増の道標を提示します。

第１章では、約１１００兆円におよぶ日本の財政赤字の現状やその実態について、問題提起の意味で詳述していきます。

加えて、日本銀行や国債の関係をはじめとして、おカネや経済の仕組みの基本原理についても紹介。これまで経済に関心のなかった方々にもできるだけ分かりやすく伝わるよう、事例も加えながら説明していきます。

第2章は、私たちの国が直面する、避けて通れない大問題を認識していただくための章となっています。つまり、この先の日本に訪れる「人口爆縮時代」への懸念です。

年を追うごとに1つの県が無くなっていくほどの人口減、合わせて到来する超高齢化社会という現実……。日本の経済と財政を語る上で、目を背けることのできない喫緊の課題です。こうした問題を解決していくための大胆な変革が、今こそ必要なのです。

第3章から、現在の日本の閉塞状況を打破し、明るい未来に変える光明を見出していくためのドラスティックな方法について論じていきます。

それが、これまで手付かずだった土地などの不動産に新たな価値を与え、資産価値を増大させて国富を生み出す「ミラクルマネー」の創出です。

第4章から6章で、マネーの実現に向けて実際に動き出した、国家的都市開発の一大プロジェクトの中身を紹介していきます。

2024年、わが国最大の人と物流の玄関口である「成田」に、これまでの日本になかった巨大な複合型商業施設が誕生します。それが、「共《とも》生《いき》日本《にっぽん》ゲートウェイ成田」です。

まったく新しい魅力を備えた都市開発によって、その土地の資産価値は50倍にも

「共生日本《ともいきにっぽん》ゲートウェイ成田」のシンボル原寸大の「安土城」ホテル（予定）

100倍にも上昇。これをモデルケースに、国民を挙げて世界のどこかで都市国家並みの新規開発を行い、アジアの香港やシンガポール、中国・深圳《シンセン》のような世界的な都市国家（主権以外にも特区含む）を生み出すことで、都市の不動産価値は2000兆円にも5000兆円にも飛躍し、開発に投資した資金の資産価値は数十倍から数百倍に増大します。そしてその一部の資産が、1100兆円の国の借金返済の原資となるのです。

また、同時に近年の日本を席巻してきたインバウンドの流れは、アフターコロナの時代、この「共生日本《ともいきにっぽん》ゲートウェイ成田」のスタートを契機に大きく変わります。日本経済に外需拡大への新たな潮流をつくり、企業および個人の所得を増大させるのです。

投資効果による巨大な資産形成と、所得の飛躍的な増加――。日本の財政赤字を一気に解決する、いわば「ミラクルマネー」を生み出す都市開発のモデルケースが、「共生日本《ともいきにっぽん》ゲートウェイ成田」プロジェクトによる経済ビッグバンなのです。

ところで、こうした国家的問題解決は、言うまでもなく、決して1人の手だけで成し得るものではありません。そこには、私が「みんなで大家さん」による事業活動で世の中にシェアリングや共有の価値を提供してきたような、「共に生きる」という理念が欠かせないと言えます。

つまり、国民みんなで直面する国の課題を自らの課題として認識し、その課題に対して、みんなで力を合わせて解決策を投じ、等しく利益を得ていこうという考え方です。

そのベースになるのは、共に喜びを分かち合いながら生きる経済社会であり、それを私は、従来の資本主義社会に代わる**「共生《ともいき》主義社会」**と位置づけています。

第7章では、アフターコロナ時代を生き抜くための大事な概念となるに違いない、こうした「共生《ともいき》主義」について説明していきます。

いま日本は、コロナ禍という未曽有の事態に直面し、国の舵取りについて思い切った転換が求められる状況にあります。

冒頭に挙げた、今年度GDPの大幅な減少を見るまでもなく、大きな経済ダメージを受けることになった2020年。しかし私は、世界的に見れば逆にたくさんの好機を内包する、チャンスに満ちた時代が今後やって来るはずだとワクワクしているのです。

日本の経済、そして、これからの財政を大きく変え得る、千載一遇の好機である今――。

「ミラクルマネー」による経済ビッグバンを実現するための素地を、ぜひ一緒にならしめていきませんか？

その先に描かれる未来像は、あなたの人生に大きなインパクトを与える、奇跡のようなストーリーの始まりにきっとつながります。

そう信じてやまない私からの、希望に満ちたストーリーを、これからぜひお読みいただければ幸いです。

2020年10月

柳瀬《やなせ》公孝《まさたか》

第1章 もしもあなたに、1億円の借金があったらどうしますか？

第2章

今後40年、日本の人口は「爆縮」時代に突入する

第3章

日本の国富が倍増する神アイデア

第4章

110兆円の財政赤字はこのプランで解消できる！

第5章

「共生日本《ともいきにっぽん》ゲートウェイ成田」が日本を救う！ ～国民所得倍増プロジェクト～

第6章

「共生日本《ともいきにっぽん》ゲートウェイ成田」が日本を救う！ ～日本の財政赤字をゼロにする戦略プロジェクト～

第7章 ポスト資本主義は「共生《ともいき》主義経済」だった

第1章

もしもあなたに、1億円の借金があったらどうしますか？

日本の「借金」は今や1100兆円……

もしも今のあなたの家庭、つまり家計が借金1億円を背負うことになったらどうしますか？

年収500万円の方なら1億円。1000万円の年収のある方なら2億円としましょう。普通のサラリーマン家庭なら、おそらく顔が真っ青になってしまうのではないでしょうか。

実は日本の家計、つまり財政はこれと同じ状況なのです。年収つまり1年間の税収が約50兆円しかないのに、**1100兆円というとんでもない借金**がある状態――。

もしあなた自身にそんな債務があれば、すぐに思うはずです。自分の借金を、子どもに継がせることなんてできない……。親としては自然な気持ちです。

これって、家計でなく、国の財政でも同じではありませんか？　こんな途方もない借金、自分の子どもや孫が暮らす、将来の社会に残したくはないでしょう。

自分たちの世代で作ったものは、自分たちの時代で解決する。これからの話は、そうした日本の借金を返していくための、夢のような、しかしリアリティいっぱいの、現実の話なのです。

家計なら真っ青になるほどの、日本の借金……。**「現在の日本の財政は大赤字」**という話は、経済にあまり興味のない人でも一度は耳にしたことがあると思います。

国の借金は雪だるま式に膨らんで、今や1100兆円。特に今年はコロナ禍もあって、「国債」の発行という形での大幅な財政出動が続いています。

国債とは、つまりは国の借金です。ではここで、日本が抱える債務である国債というものについて、今一度ご説明してみましょう。

国債は、開けてはならぬパンドラの箱だった？

国債は、不足する国家の収入、つまり歳入を補うために国が発行する債券のことです。言ってみれば、予算のマイナスを穴埋めするための借金なのです。

国は一般の金融機関や投資機関、個人に国債を買ってもらうことによって資金を得て、公共事業などを行い、一定の年数が経ったあとに、借りた資金に利子をつけて償還しています。政府が国債を発行したあと、一般の銀行や個人がそれを買い、次に日本銀行が市中の銀行から国債を買い上げるのです。

つまり国の借金の穴埋めとなる国債は、日本銀行が市場を通じて民間の銀行から買う形をとることになります。複雑な流れのように感じるかもしれませんが、そうすることで政府の国債発行をできるだけ抑えながら、お金の流れをコントロールしているわけです。

現在、日本の国債の発行残高は約900兆円、地方政府の借金である地方債の発行残高が約200兆円で、国と地方を合わせると、その総額は実に約1100兆円に達しています。

1100兆円と聞いても、多くの人はピンとこないかもしれませんね。たとえば、私たち国民が1年間に稼ぐ所得（国民総所得＝GNI）は約500兆円ですから、1100兆円というのは2倍強。仮に国民全員が毎日稼ぐお金をすべて国の返済に充て、自分たちは一銭も手にしないという状況にしたとしても、借金が無くなるまでには2年3カ月もの期間を要することになります。

国債残高のGDP比

日本の政府債務残高は対GDP比で敗戦直前を超えている

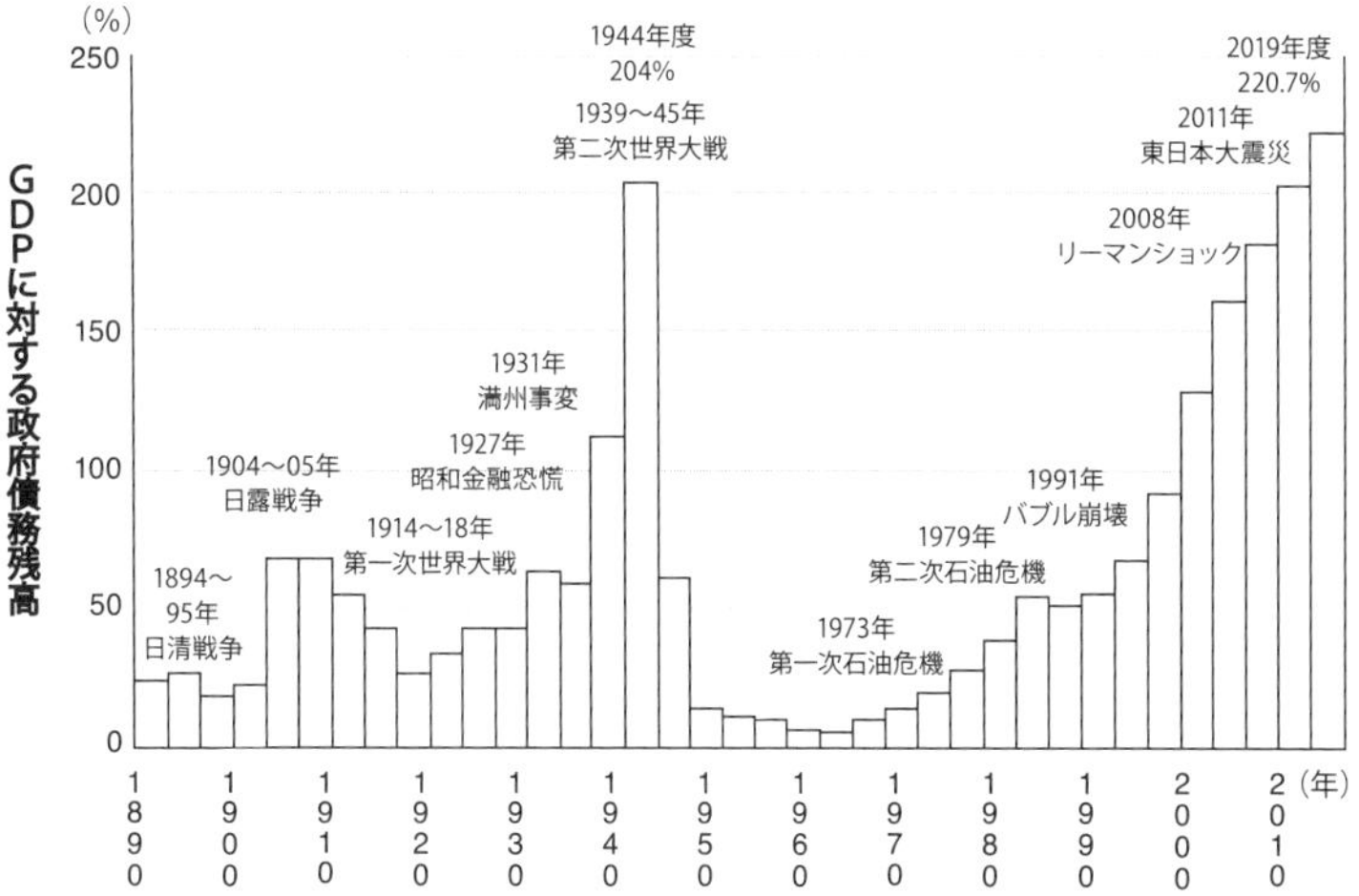

出典：財務省「日本の財政関係資料」

こうした、国の借金を穴埋めするための国債。いわゆる赤字国債を初めて発行したのは、いつなのでしょうか。言い換えればその年が、私たち日本国の赤字収支の始まり……ということになります。

ちなみに**日本の国債の歴史は、明治維新の直後の1869年から始まります。**当時の国債の主な目的は、赤字の補填というよりも、鉄道の建設費用を調達することでした。

昭和に入り、太平洋戦争に突入すると、日本政府は「戦時国債」の発行を行います。一種の個人向け国債で、強制的に購入させられるものであり、戦費を徴収するためのしくみの1つであったといわれています。実は現在の日本の国債残高のGDP（国内総生産）比は、日本の財政が完全に破綻した太平洋戦争末期と同水準（約200％）なのです。

そして、日本で明確に赤字国債の発行が為されたのは、1965年。予算を税収だけでは賄えなくなった結果、国債を発行するに至りました。その後の**バブル景気により一時的に赤字国債の発行は止まったものの、1994年には再開され、その後現在**

に至るまで毎年発行され続けています。

開けてはならないパンドラの箱とでもいうべきでしょうか。最初はタブーとされた赤字国債も、いったん発行してしまうと一気に財政のタガが外れてしまいました。

ちょっとした借金が、いつの間にか雪だるま式に……家計でもよく耳にする怖い状況ですが、国の財政も赤字の家計よろしく、年を追うごとにどんどん膨らんでいったのです。

日本の赤字は第二次世界大戦後のドイツよりひどい

太平洋戦争時に日本政府は「戦時国債」の発行を行ったと書きましたが、日本と同じく連合国側に対峙して敗戦国となったドイツも、軍事費の膨張と戦費調達のための国債発行、また税負担の増大を余儀なくされました。

戦時のさなか、ドイツ国民は言うまでもなく、厳しい生活状況に直面していました。基本的な生活物資の不足はもとより、国民の住まいとなる住居さえも足らず、人々の生活保障を担うべき国の機関のインフラは崩壊の危機に瀕《ひん》していました。

社会給付に関わる中央行政は直ちには機能せず、地方において既存の給付システムがかろうじて運用されていた状態。政府の財政状況は日本も同様でしたが、まさに国が国としての形を成していなかったということです。

そうしたドイツの戦後の経済復興と雇用の創出に決定的な役割を果たしたのは、自国の工業です。ドイツの国土は確かに戦争で焼け野原になりましたが、産業立国としての基盤は失われてはいませんでした。

ドイツの国民経済は1850年以来、大恐慌による急落と2つの大戦中の低迷期を除いて常に拡大し、開戦前のナチス政権下では急上昇さえしています。同国伝統の手工業、自動車産業、化学工業、機械技術には、世界大戦における2度の敗戦があっても、再興できる底力があったのです。

もっとも、第二次世界大戦で同じ敗戦国となった日本も、戦後の高度経済成長を経て、飛躍的な経済発展を遂げ、世界第2位の経済大国へとのし上がったのは、誰もが知るところです。

ドイツも日本も、成長の原動力として共通するのは、他国を凌駕《りょうが》する優れた技術力であり、勤勉な国民性といえるでしょう。

日本とドイツの両国の強みである、高い技術力と勤勉性。こうした国家独自の強みを活かして経済社会の転換をはかることが、この先の国の財政状況を変える、大きな原動力となり得ます。そのことについては、後の章でじっくりと触れていきたいと思います。

戦後75年以上が経ったいま、第二次大戦直後のドイツが直面した財政状況を超える厳しさが、今の日本にはあるといえそうです。

国の借金が年を追うごとに増大していく、現在の日本。その大きな要因の1つとなっているのが、次に挙げる社会保障費の増大ということになります。

日本の医療費40兆円は破綻へのカウントダウン

病気になったり体の不調を感じれば、皆さん保険証を持って、病院やクリニックに足を運びますね。日本が古くから築いてきた国民皆保険制度は、世界的にも非常に評価の高いものです。

国民医療費の推移

国民医療費は40兆円を超えさらに増大している

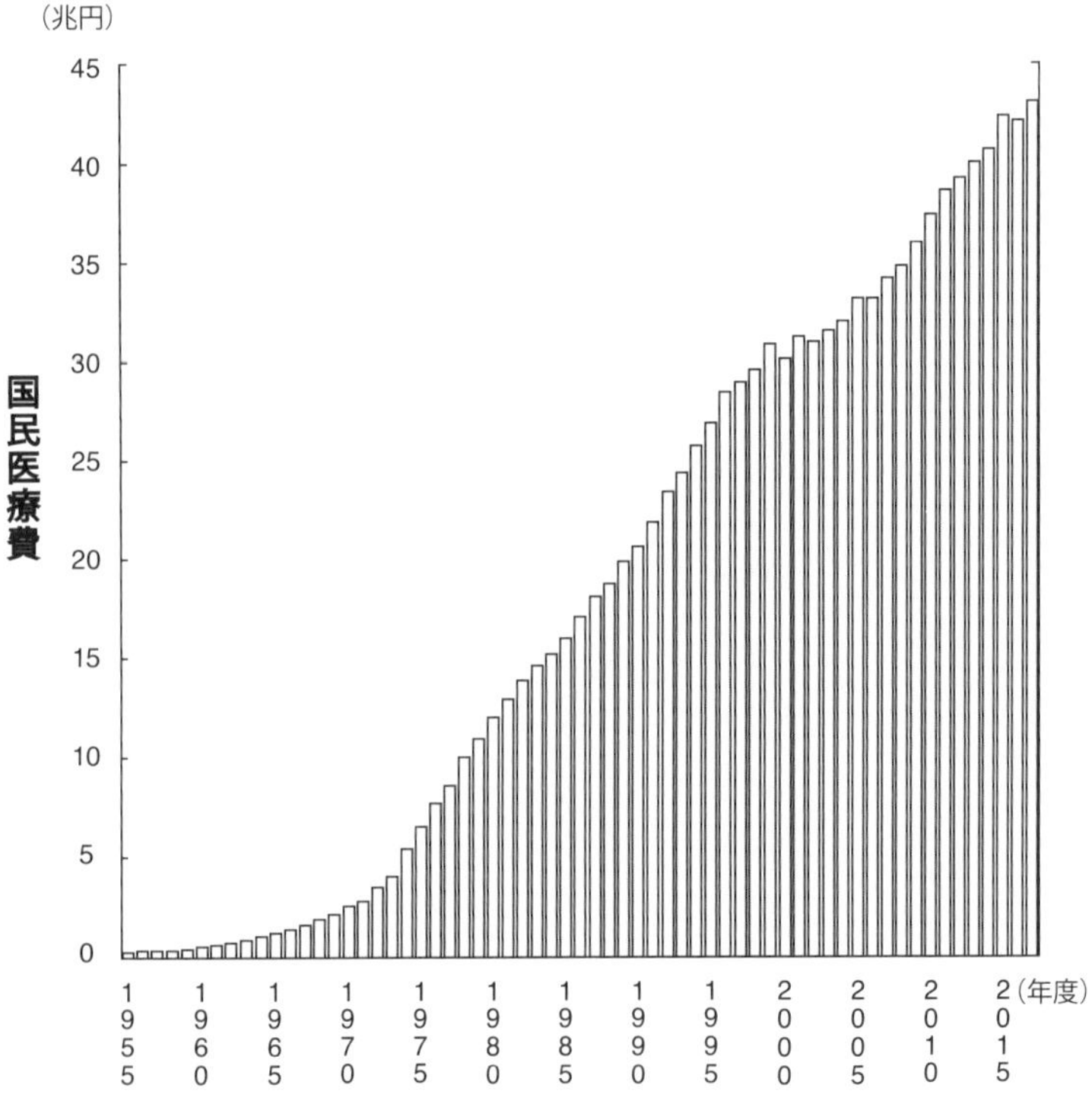

出典：厚生労働省

ただその一方で、**国の財政赤字が深刻化してきた要因の1つに、「国民医療費」の増大**があるのもまた確かです。

国民医療費とは、保険診療の対象となる病気やケガの治療によって、医療機関などで要した1年間の費用のこと。厚生労働省が発表した「平成29年度 国民医療費の概況」によると、人口1人当たりの金額は33万9900円となり、前年度の33万2000円に比べて7900円（2・4％）増加しました。

同年度の国民医療費は、金額にして43兆710億円で、前年度よりも9329億円（2・2％）増加し、過去最高額を更新しています。2040年には総額66兆円を超えるとの試算もあり、高齢化を背景に医療費の増大は収まりそうにないのが実情です。

医療費の増加が問題なのは、その**額の多くを負担しているのが国であり、私たちの税金**であるという点です。

財源別医療費は、健康保険などの保険料で49・4％、患者などの負担で12・3％が支払われているものの、全体の38・4％にあたる16兆5181億円は、国と地方の「公費」で賄われているわけです。しかも公費負担は、前年に比べて国と地方を合わせて

2341億円も増加しており、財政を圧迫する大きな要因になっています。

医療費の増加が続いている背景には、言うまでもなく高齢化の進展があります。

65歳未満の人が使った医療費は1人当たり18万7000円だったのに対して、70歳以上では83万4100円と約4・5倍もの開きがあります。高齢者の人口が増えることで、財政の圧迫が進んでしまう現実は、火を見るよりも明らかでしょう。

医療費の増加は、公費負担として国や地方の財政にだけ影響を与えているわけではなく、個人や企業の懐具合も直撃しています。

医療費の財源のうち、約半分の49・4%は、医療保険や健康保険の負担です。企業などが持つ健康保険組合の財政が悪化することになれば、その穴埋めは企業や、その社員である保険契約者が行うことになります。

企業が供出金を増やしたり、保険契約者の保険料が引き上げられることになるわけで、医療費増加のツケは国だけでなく、企業や家計にもおよんでいくことがよく分かります。

50代の貯蓄額が毎年減っているという現実……

こうした社会保障費の増加に象徴されるように、**日本の国家予算は年々増加**しているわけです。

2019年12月に編成された2020年度の日本の予算案は、一般会計の総額として102兆6580億円で提出されました。100兆円を超えたのは、昨年に続き2年連続。ちなみに一般会計の歳入は、新規国債発行が32兆5562億円、税外収入6兆5888億円、税収が63兆5130億円というものでした。

2020年は皆さんご承知のように、コロナ禍で企業の業績が急激に悪化しており、今後の税収の大幅減は間違いありません。国債発行はいっそう増え、国の財政はさらなる悪化をまぬがれそうにないのです。こうした状況は、**個人および家計の所得や収支にも大きな影響を与え、今後の生活不安を増幅させる**ことは想像に難くないでしょう。

私たち国民一人ひとりの懐具合に目を向けてみても、残念ながら悲観的な要素ばか

一般会計歳入総額（2020年度予算案）

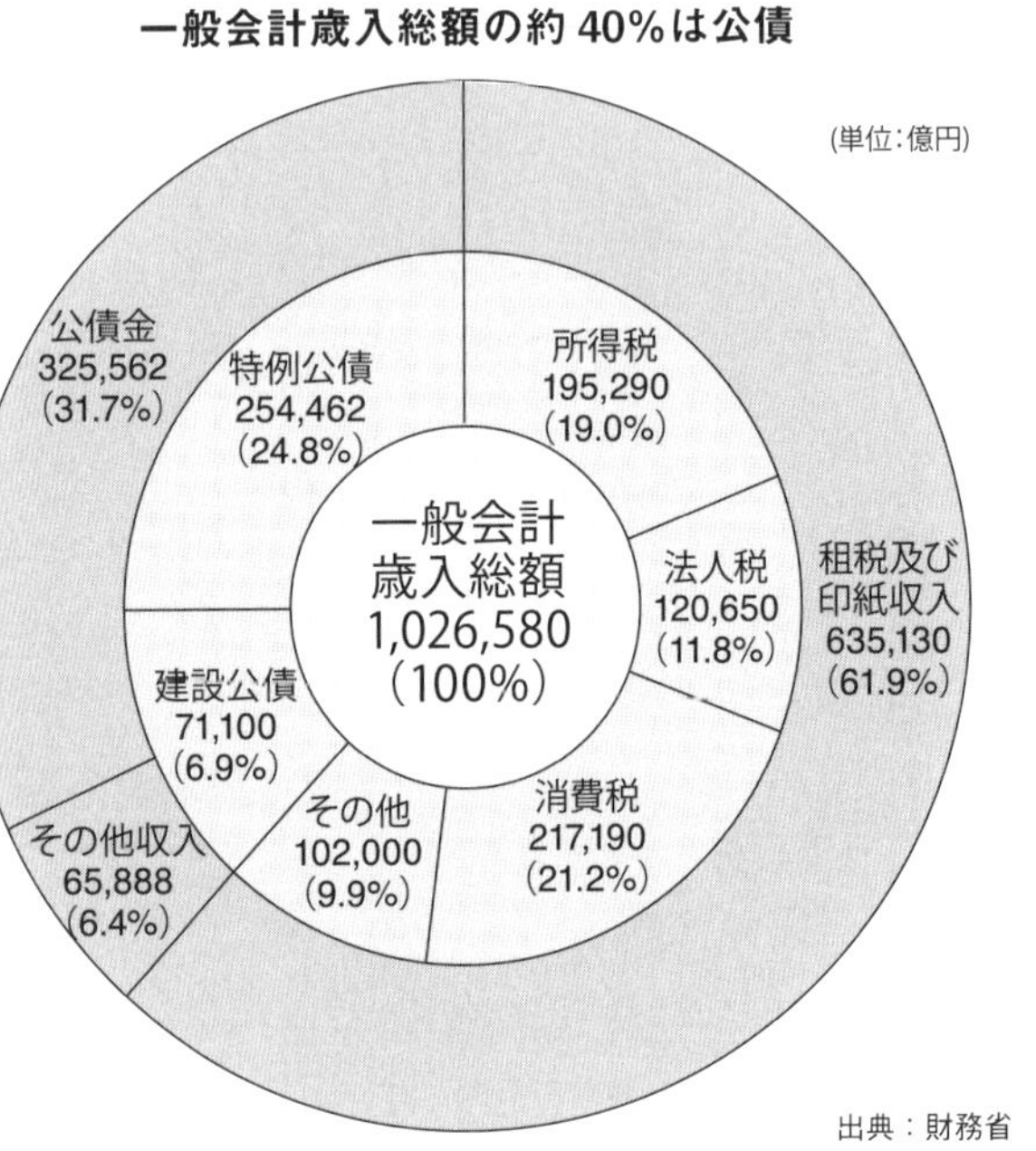

りが挙がってきてしまいます。

たとえば2019年6月、退職後の年金暮らしの夫婦が95歳まで生きるためには「2000万円が不足する」とした金融庁の報告書の中身が表に出て、物議をかもしました。

いまは借金のない世帯でも、「将来どうなるか分からない……」という不安さが、大きく頭をもたげたに違いありません。

今や、50代以降を支えるためのお金は、社会の耳目を集める大事なテーマの１つです。

厚生労働省による「国民生活基礎調査」では、50代で「貯蓄がある」世帯は２００１年の90％から、２０１６年には81％に下がりました。現役世代の年代別でみても、50代は「貯蓄が増えた」人は14％と最も少なく、逆に「減った」人は37％で最も多いという結果でした。

さらに金融広報中央委員会の調査では、**50代で金融資産を持たない「貯蓄ゼロ世帯」は、１９９８年の12％から、20年後の２０１７年には32％に増えています。**

貯蓄が減るという状況は、つまりは収入も同様に減っているから起こるわけです。厚労省の「毎月勤労統計調査」によると、月額の給与（賞与含む・30人以上事業所）は１９９７年の42・１万円をピークに下がり続け、２０１７年には36・３万円にまで落ち込みました。

50代ともなると、お子さんが高校生や大学生という方も多いでしょう。そこで家計にのしかかるのは、言うまでもなく教育資金の重圧です。ちなみに、２０１６年度の大学入学者の入学金と年間授業料の合計は、国立大の標準額で81万7800円、私立大平均で113万1200円です。約30年前に比べ、国立大は約1・7倍、私立大は約1・4倍に上昇しているのです。

そのほか、住宅ローンの長期化や、退職金の減少など、50代の貯蓄が増えない理由として、ネガティブな要素がズラリと並んでしまいます。

こうした悲観的要素を並べるときりがありません。これを読んでくださっている読者の方々も気が滅入るばかりで、本を空の果てまで放り投げたくなるかもしれませんね。

でも本書は、そんなネガティブなことばかりをあげつらう本では決してないのです。こうした**日本の財政を変え、新たな経済概念を育むなかで所得と資産を生み出し、国の借金をすべて無くしてしまおう、という希望に満ちたメッセージ**を送る本なのです。

そのための具体的な方法論を書く前に、日本の「借金」というもの、さらに言えば、「お金」というものについて、今一度思考を深めていただきたいと思います。

「国の財政全体はどうなっているのか？」

「そもそもお金とは？　経済とは何なのか」

それについて、できるだけ分かりやすく紹介してみたいと思います。

お金とは何か、経済とは何かをもう一度考える

皆さんは、「お金」と聞いて何をイメージしますか？

おそらく多くの方は、すぐに硬貨や紙幣をイメージされると思います。何か好きなものを買い物したとき、レジの店員から出されたトレイに財布から硬貨や紙幣を取り出して載せ、支払いを済ませますね。

購入しようとしている商品の価値を表すものとして、金属のコインを載せるのか、紙幣を載せるのか。金額の大小によって、もちろんまちまちです（現代のキャッシュレス化で、そんな行為はそもそもしません、という方は増えているでしょうが）。つまりは、欲しいものと交換するときの価値情報のカタチとして、お金を理解していると思います。

このようにお金とは、モノと交換するときの価値情報ですから、通貨の形はたとえば何でもいいのです。石ころでも粘土でも、木の葉っぱでも構いません。その昔、織田信長が流通させた天目茶碗がそうであったように、通貨として認定されたら何でも「お金」になるわけです。大事なことは、誰が認定するかです。

お金とは？

〔1〕価値交換

〔2〕価値尺度

〔3〕価値保蔵

そして現在、**日本の「お金」である紙幣は、日本銀行券として日本銀行が発行しています。**

もう1つの通貨は何かと言うと、政府通貨です。**政府通貨というのは、国が発行する通貨**のことです。

あなたの財布の中にある500円玉や100円玉、10円玉をまじまじと見てみてください。そこに何が書いてありますか？　日本銀行券とは書いてありませんね。日本国と書いてあるはずで、これが政府通貨です。つまり、日本国が発行している貨幣な

日本で発行されている貨幣

日本銀行と政府はそれぞれ紙幣と硬貨を発行

通貨	日本銀行券	政府通貨
発行	日本銀行	政府
形状	紙幣	硬貨
種類	＜4種類＞ 一万円券 五千円券 二千円券 千円券	＜6種類＞ 五百円 百円 五十円 十円 五円 一円

のです。

ちなみにこれまで、政府通貨として、紙幣が発行されたことも何度かあります。たとえば、明治維新の時の太政官札。これは政府が発行した紙幣でした。

お金に興味がない……という人はあまりいないと思いますが、そのお金の発行元として2つが存在しているということは、あまり知られていませんし、皆さんそれほど気にしていないと思います。

ただ、日銀の発行する日本銀行券と、政府が発行する政府通貨の2種類の「お金」が存在するということは、日本の財政をつかさどる上で、実は大きな意味をもってくるのです。

日本銀行ってどんな銀行？

日本銀行券を発行し、国の財政と金融に、良くも悪くも多大な役割を果たす日本銀行。皆さん誰もが、その存在は知っていると思います。けれども、「わたし、日本銀行に口座があるの」なんていう人に会ったことのある方は1人もいないでしょう。

日本銀行は、政府の委託を受け、国のお金を管理する特別な金融機関です。

国債の買い入れや外国為替の決済処理を行い、また皆さんが利用している市中銀行から預金の一部を預かったり、お金を貸し出しています。つまり日本銀行の役割は、発券銀行としての役割のほか、政府の銀行であり、また銀行の銀行という存在であるわけです。

ついでに日本銀行について、もう少し知っておきましょう。

日本銀行の株主構成は、日本政府55％、日本政府以外が45％です。日本銀行の資本金（出資金）は1億円と日本銀行法により定められており、そのうち5500・8万円（2015年3月）は政府出資であり、残りは政府以外の出資となっています。

ちなみに日本銀行法では、「日本銀行の資本金のうち政府からの出資の額は、五千五百万円を下回ってはならない」と定められています。

出資の内訳を詳しく見てみると、2019年度の日銀の業務概況書によれば、2020年3月末の株主構成は、政府出資額5500・8万円（55・0％）、個人4035・3万円（40・4％）、金融機関201・9万円（2・0％）、公共団体等191万円（0・2％）、証券会社3・2万円（0・0％）、その他法人が239・3万円（2・4％）となっています。ちなみにこの中の、個人39・4％が誰なのかは、一切公開されていません。

ともかく**日本銀行の役割は、言うまでもなく日本の経済と密接にリンクしており、市況のカギを握る本丸**といえるものなのです。

「日本銀行券」というおカネの実体

では、日本銀行が発行している「日本銀行券」について、その成り立ちからあらためて説明してみます。

そもそも、金貨や銀貨などの貨幣が世の中に普及していった時代、それを保管しておく「金庫業者」のような商売をする人たちが登場してきました。彼らは、金貨や銀貨をお金持ちから預かると、「預かり証」を発行して渡していました。この預かり証が、銀行券の始まりだとされています。つまり、金貨や銀貨と交換できる証書のようなものだったのです。

紙幣の始まりは、金庫番（後の銀行）が作った預かり証だったわけで、そのため紙幣は政府ではなく、銀行が発行するに至ったということです。貨幣と紙幣の起源の違いには、こんな所以《ゆえん》があったのですね。

そして1885年に、最初の日本銀行券が発行されました。「銀行券」が金貨の代わりに通貨として使われるようになりましたが、あくまでも銀行券は「金貨」と交換できることが原則でした。これがいわゆる「金本位制」と呼ばれる制度の最初です。

この制度は、紙幣を発行するための裏付けとして、銀行が「金」を準備しておくものです。紙幣を発行する裏付け、つまり金庫番に保管していたかつての金貨や銀貨が、金というわけです。銀行が保有する金の量によって、発行できる紙幣の量が決まるという仕組みでした。

その後、国際貿易がどんどん盛んになると、金本位制における「金」はどんどん海外に流出してしまい、国内のお金が足りなくなり、経済に悪影響がおよぶようになりました。

そこで日本では、1931年に金と紙幣の交換を停止して、**「金」が無くてもお金を発行できる仕組みである「管理通貨制度」へと移行**したのです。

管理通貨制度においては、金とは無関係に銀行券を発行することができるようになりました。

ただ、ここで考えるべきなのが、銀行券の成り立ちの経緯です。銀行券はもともと「預かり証」だったわけですから、何らかの資産の裏付けがないと発行できない……

ということです。つまり、日本銀行が紙幣（日本銀行券）を発行する際には、何らかの資産が必要になるという理屈です。

金本位制での金の代わりに必要となる資産の裏付け。そこで管理通貨制度では、いわば金の代わりとして、「国債」が用いられるようになったわけです。

日本銀行が市場で国債を買い入れて、日本銀行券を発行する。その裏付けとなる資産が国債というわけですが、そもそも**国債を国から直接買っているのは、民間銀行であり、個人の投資家**です。日本国民の膨大な預金が、資産としての国債を裏付けしている構図があるのです。

政府通貨を発行する際には、資産の裏付けは不要です。それに対して、日本銀行が発行する銀行券には、裏付けとなる資産が必要ということ。国におカネが足りないいま、その資産となっているのが、国債なのです。

つまり**日本銀行は、資産となる国債を買い入れる形で、日本銀行券である紙幣を発行し続けている**、という理屈が成り立つのです。

国債と日本銀行、および国との関係性は、本書の大きなテーマである「国の借金をゼロにするミラクルマネー」のカギにもなります。そうしたおカネの関係性について、次の項でもう少し詳しく説明していきましょう。

日本の借金は、「自分の家族」からの借り入れ

財務省が発表する「国の借金」（国債と借入金、政府短期証券を合わせた政府の債務）は、現在約1100兆円であると書きました（2020年3月末時点で1114兆円）。2013年、国の借金がついに1000兆円を超えた……と話題になりました。「国民1人当たり、約792万円の借金」「日本は世界有数の借金大国」など様々な形容をされましたが、では日本は誰から、どこから借り入れをしているかご存じですか？

前の項ですでに書いたように、国は国債を発行して、その約88％を国内の金融機関に買ってもらっています。つまり**借金の約88％は国内から。これが、日本の借金の実態**なのです。

その88％の内訳として、最も多く国債を持っているのは日本銀行で約47％（約500兆円）、続いて生損保険会社等が約21％、銀行等が約15％の順になっています（2020年5月）。

これって、実はどういうことなのでしょうか。話を分かりやすくするために、「兆」の単位を「万」に置き換えて、家庭の中の話に落とし込んで説明してみましょう。

ある「Aさん」の家庭が抱えている借金が1100万円だとして、その88％である970万円を、「家庭内」で貸し借りをしているという想定です。

自身の浪費癖か、不況による収入減が理由なのかは分かりませんが、Aさんの借金の額は累積で1100万円にも積み上がってしまいました。

でもそこで、借りているのが家族からだったらどうでしょう。1100万円の借金のうち、家族からの借り入れ額が970万円で、他人からの借金は130万円。そして、家族の970万円の中でも、優しいおじいちゃんから借りているのが約半分の500万円という状況です。

Aさんの家は確かに額だけ見れば大きな借金がありますが、実際には家族からの借り入れがほとんどであるなら、同じ借金でもずいぶん捉え方は変わってくるのではないでしょうか。

つまり、**国の借金とされる国債も、その多くを保有しているのは、日本銀行である**

ということ。言ってみれば、家族内の借金です。国の借金の貸し主は日本銀行であり、9割が日本国内からの借金。突き詰めれば、貸しているのは私たち日本国民ということになるわけです。

このことは、実は大きな意味を持つことを、まずは知ってほしいと思います。

国の借金をチャラにする手っ取り早い方法？

そう考えれば、1100兆円を超える日本の「借金」ではあるものの、手っ取り早くチャラにする方法があると思い至りませんか？

日本銀行は、自ら発行した紙幣で国債を買っています。日銀にとって国債は資産になるわけですが、同時に日銀は、国債の買入れ等を通じた資金供給分を債務として計上して、資産と帳尻を合わせています。

ここで日銀の財務諸表を見てみましょう。

令和元年度末における資産・負債の状況をみると、総資産残高は、国債を中心に前年同期末と比べて47兆4602億円ほど増え（+8・5%）、604兆4846億円となっています。また総負債残高は、預金（当座預金）を中心に前年同期末と比べて46兆7226億円ほど増加（+8・4%）し、599兆9372億円でした。

民間の金融機関は、日本銀行に当座預金口座を持っています。日本銀行の窓口から銀行券や貨幣を受け取ろうとする民間金融機関は、その金額を日本銀行に持っている当座預金口座から引き落とします。これにより、銀行券や貨幣は世の中に流通を始めるわけです。

そして政府が国債を発行してお金を借りるのは、直接的には国民の金融資産ではなく、民間銀行が日銀に持っている当座預金です。

要するに、政府による国債発行と民間銀行による国債引受のオペレーションとは、政府が日銀に持つ当座預金と、民間銀行が日銀に持つ当座預金とが相互に行ったり来たりしているだけなのです。

そこで、やや乱暴な提案が成り立ちます。いまの国債は、国がいわばバランスシー

日本銀行の財務諸表（令和２年３月 31 日）

科目	金額（円）	備考
（資産の部） 金地金	441,253,409,037	
現金	205,061,074,044	
国債	485,918,129,988,422 額面 474,080,724,400,000 円	
コマーシャル・ペーパー等	2,551,889,033,716 額面 2,551,900,000,000 円	
社債	3,220,825,190,968 額面 3,208,800,000,000 円	
金銭の信託 （信託財産株式）	727,714,519,973	
金銭の信託 （信託財産指数連動型上場投資信託）	29,718,938,645,617	
金銭の信託 （信託財産不動産投資信託）	575,305,889,680	
貸出金	54,328,648,000,000	1,397口
電子貸付	54,328,648,000,000	
外国為替	25,966,256,288,216	
外貨預け金	1,732,262,396,986	
外貨債券	2,355,244,668,143	
外貨投資信託	60,613,713,087	
外貨貸付金	21,818,155,510,000	
代理店勘定	23,994,220,003	預け先79か所
その他資産	590,051,545,382	
取立未済切手手形	6,356,685	4枚
預貯金保健機構出資金	225,000,000	2口
国際金融機関出資	15,278,374,364	1口
政府勘定保管金	38,707,429,941	6種
未収法人税等還付金	52,621,989,719	
未収利息	470,183,576,216	
その他の資産	13,028,818,457	
有形固定資産	216,444,108,401	
建物	105,726,690,246 延面積613,442.13平方メートル	
土地	84,124,182,999 延面積507,049.75平方メートル	
リース資産	7,598,665,055	
建設仮勘定	7,458,248,538	21,983点
その他の有形固定資産	11,536,321,563	
無形固定資産	129,890,768	動産9,940点
権利金	129,890,768	
資産の部合計	604,484,641,804,227	

科目	金額（円）	備考
（負債の部） 発行銀行権	109,616,575,483,650	
預金	447,076,239,363,367	
当座預金	395,256,035,035,254	1,117 口
その他預金	51,820,204,328,113	143 口
政府預金	12,633,850,593,434	
当座預金	150,001,026,112	
国内指定預金	12,239,860,364,524	
その他政府預金	243,989,202,798	
売現先勘定	24,116,347,566,200	27 口
その他負債	84,086,119,657	
未払送金為替	14,760,764,172	
未払法人税等	28,031,000,000	
リース債務	7,988,759,130	
その他の負債	33,305,596,355	
退職給付引当金	203,316,793,791	
債券取引損失引当金	4,799,292,993,013	
外国為替等取引損失引当金	1,407,536,000,000	
負債の部合計 （純資産の部）	599,937,244,913,112	
資本金	100,000,000	
法定準備金	3,252,007,626,093	
特別準備金	13,196,452	
当期剰余金	1,295,276,068,570	
純資産の部合計	4,547,396,891,115	
負債および純資産の部合計	604,484,641,804,227	

出典：日本銀行

作っているだけですから、**今の「借金」である1100兆円を、自ら貨幣に換えてしまえばいい**のではないでしょうか？

つまり、国債を発行するのではなく、政府による通貨を発行する。資産の裏付けが不要な政府通貨として、日本国発行の紙幣というおカネを刷るわけです。

そうするとどうなるでしょうか。

現在の国の借金である国債には、償還《しょうかん》があります。つまり、借りたお金は、その時期が来たら返さなければいけません。

お金を返すべき償還期が来たら、政府が自らお金を作ればいいのです。

日本政府は、お金を刷って使う独占的な権利である貨幣高権（貨幣鋳造権・発行権）を持っています。今まで100円や500円玉を作っていましたが、新しい1万円札を作ることだってできるわけです。

場合によっては10万円札を作ってもいいかもしれません。新しい10万円札を日銀券ではなく、政府通貨としての10万円札とする。発行すれば法律上、通貨として認定されますから、従来の日銀券と同じ10万円の価値になるわけです。

つまり、**国債発行残高の1100兆円分の政府通貨を新規発行して国債を全額償還**

する方法です。

本当の意味で「国の借金」を解消するには

こうしたアイデアは、ノーベル経済学賞受賞者でもある、米コロンビア大学のジョセフ・スティグリッツ教授が提案し、同調する日本国内のエコノミストも少なくありません。

政府自身が紙幣を発行すれば、国債すなわち政府の借金を無くすことができるという主張。政府紙幣は政府が発行するお札であり、いま出回っている日銀券と同じ機能を持たせるものだからです。

いま、コロナ禍で日本じゅうが苦しんでいる中、紙幣発行で得たおカネは大きな意味を持つことになります。近年の日本経済は内需が持続的に縮小し、それによって物価が継続的に下落してデフレにつながる問題を抱えていますが、この対策にもなるというわけです。

その10万円札を1100兆円分、刷ったとしましょう。そのお金をそのまま、国債の償還に使います。日銀への返済が終わり、もう借金はゼロ。そうした経済政策を主張する向きも、いまの社会には確かに存在するのです。

ただし、日本銀行が政府と独立した立場として存在するのは、そうしたむやみな紙幣発行に歯止めをかけるためです。

この貨幣高権を乱発すると、市場に流通するお金（貨幣）の供給量が格段に増え、貨幣価値が暴落、**極端なインフレーション（ハイパーインフレーション）を引き起こし、極端な物価上昇により経済活動に混乱をもたらす多大なリスク**があります。

ですから、日本では法律によって、貨幣発行機関である日本銀行を、逆に政府から独立した貨幣価値の番人として位置づけ、政府が日本銀行に簡単にお札を刷らせて国債の償還に充てたりできないようにしているのです。

一方で、政府自体も貨幣鋳造権を持っていることから、政府紙幣を発行して国の借金（国債）を返済することは、長引く不況やデフレの対策にもなり得る……と、賛同する意見もまた存在するわけです。

けれども、それは本質的に正しい方法とは言えませんし、根本的には何も解決したことにならないと、私は考えています。

今後も増え続ける社会保障費など、国の財政不安を解消するために必要な対策を取らなければならない現在《いま》。仮に急場しのぎの国債の返済によって破綻を避けることができたとしても、**結果的に国の活力が脆弱になってしまっては本末転倒**でしょう。

本書では、根本的な解決の道を示すに留め、国家の戦略的手段としての通貨発行の考え方と方法は、別の機会にあらためて詳細を述べたいと思います。

ではどうすれば、国の借金はなくなるのか——。

結局、本当の意味で**「国の借金」を解消し、国を豊かにするには、日本の経済を大転換し、日本の、つまり私たち国民の資産と所得を増やすしかない**ということです。

そのために必要なのが、日本の財政を根本から覆す、経済ビッグバンの実現です。

日本経済の足腰を強くし、国の借金ゼロはもちろん、その後の永続的な繁栄をもたらすための、革新的な第一歩を踏み出すことが重要なわけなのです。

1章のまとめ

◆国の借金（国債発行）は雪だるま式に膨らみ、今や１１００兆円。現在も国債発行という形での大幅な財政出動が続いている。

◆国の財政赤字が深刻化してきた要因の１つが国民医療費の増大。医療費の増加が続いている主な背景に高齢化の進展がある。

◆国債の約88％は日本銀行をはじめとした国内の金融機関が購入している。つまり国の借金のほとんどは国民が貸主ということ。

◆国債残高の１１００兆円分の政府通貨を新規発行し、国債を全額償還する方法も考えられる。ただしハイパーインフレーションを引き起こし、経済活動に混乱をもたらす多大なリスクも。

◆国の借金を解消し、国を豊かにするには日本の経済を大転換し、国民の資産と所得を増やすしかない。

第2章

今後40年、日本の人口は「爆縮」時代に突入する

少子高齢化で減り続ける日本の人口

第1章で、日本の国家財政の状況をご理解いただいた上で、今の日本が直面する、最も大きな問題について触れないわけにはいきません。

国の将来を見通していく上で、重要なカギを握るのが、「人口」です。

ここで、日本の本質的な問題を知るために、人口動態のグラフを見てください。

戦後、日本の人口は大きく増えていきました。1950年は8000万人、1985年には1億2000万人を突破。経済成長は、人口爆発とともに上昇曲線を描いたわけです。戦後40年間で4000万人もの人口爆発が起きたことになります。

それが2020年になり、人口は1億2410万人と30年前とほぼ変わらず。しかし、これから40年後の2060年には、逆に約4000万人ほどの急激な人口減少が見込まれています。

これはもう、**人口の爆発的縮小、つまりは「爆縮」**です。日本が近い将来直面する、何よりも大きな問題が、**「人口爆縮時代」**に突入するということなのです。

今後、日本人の3人に1人が居なくなる計算です。

日本の人口の推移と予測

日本の総人口はこれから爆縮時代を迎える

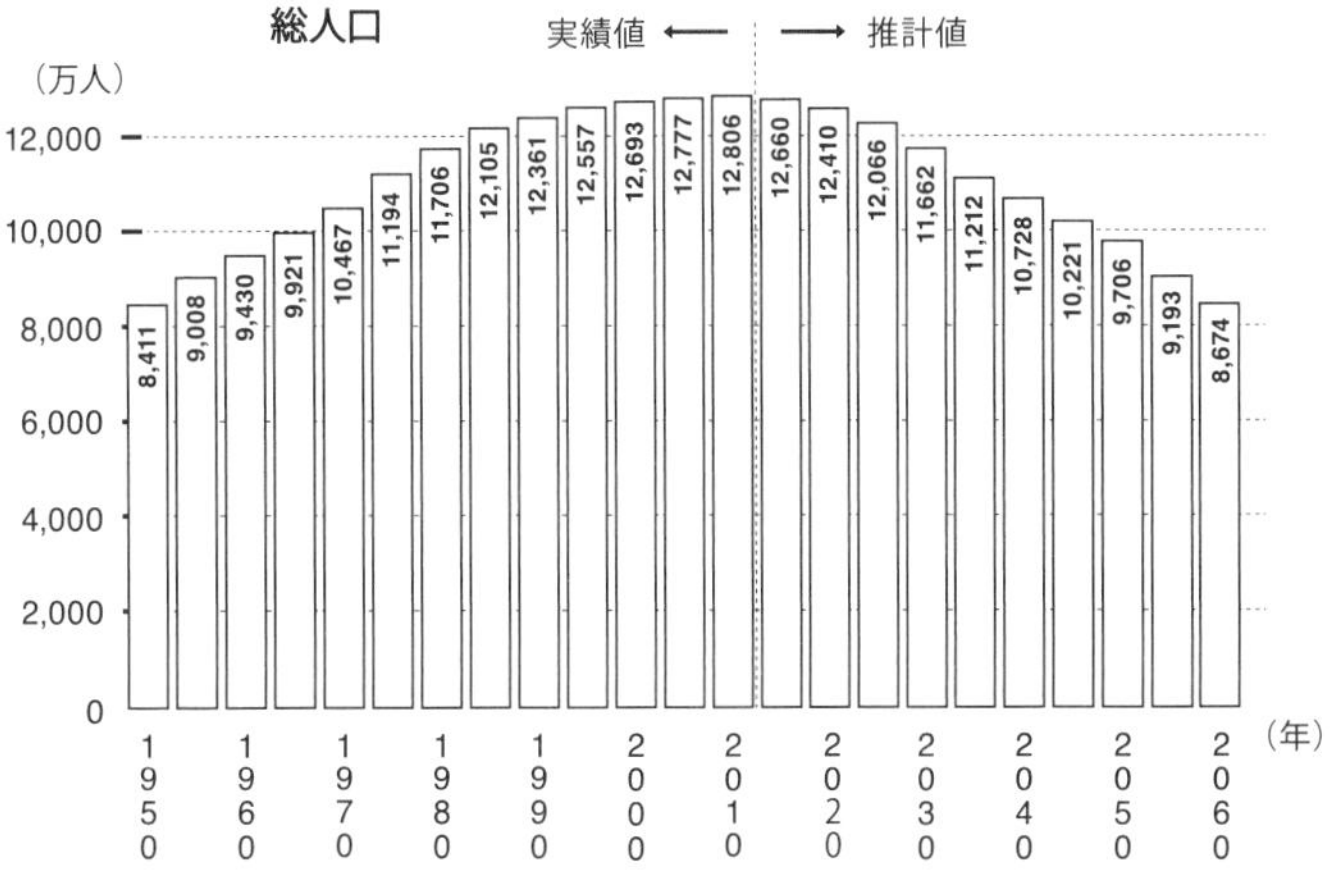

出典：内閣府

将来人口推計の資料で、もう少し詳しく「爆縮」の中身を見てみましょう。

人口が増えるもととなる出生数は、2020年代には80万人台になり、一方で死亡数は今後も増加し、150万人台から160万人台になると推計されます。つまりこの先、年間の人口自然減が70万人台にもおよぶ時代へ入っていくわけです。

これは毎年、現在の鳥取県や島根県1県分の人口が減少していくことを意味しています。年を追うごとに、**日本の県が1県ずつ消えていく……というほどの人口減**なのです。

数年前には、2040年までに全国の自治体の約半分である、896市区町村の自治体が消滅の危機に直面するという衝撃的なデータが民間の研究機関により発表され、話題を呼びました。地方だけでなく、東京の豊島区や大阪の中央区といった大都市も含まれ、約50％超も人口が減少する可能性があるという驚きの結果でした。

こうした出生数の低下による**「人口爆縮」の一方で進展するのが、言うまでもなく「高齢化」**です。

いわゆる高齢化率は、2060年には現在の2倍近い、約40％にも達するという見込みが為されています。生産年齢人口（15歳から64歳までの人口）も、現在より約3200万人も減少。総人口に占める生産年齢人口の割合は、2000年の68％から、2060年には約50％へと激減することが予測されているのです。

そして2060年の総人口は、戦後すぐの1950年当時の水準に戻ると見込まれています。

ただし同じ1億人でも、1967年当時の日本は、高齢化率は6％台に過ぎない「若い国」でした。それに対して、2060年の高齢化率は約40％ですから、**世界的にみ**

ても圧倒的に「年老いた国」へと変貌してしまうのです。

これから30年後には、日本の人口構成は、今とはまったく違った国になってしまうことを、強く自覚しておく必要があるわけです。

あなたは「ゆでガエル」になりたいですか⁉

日本社会にほぼ間違いなく訪れる、人口爆縮の時代。これは本当に憂慮すべき事態です。

人口が減ると、社会はどうなるのでしょうか。

経済活動は労働力人口に左右されますが、人口急減・超高齢化に向けた現状の流れが継続していくと、**労働力人口は加速度的に減少**していくことになります。

当然ながら、国の活力は損なわれ、経済活動全体が縮小します。加えて、人口爆縮の裏にあるのは高齢化の進展であり、家も車も要らない、おしゃれな衣服も美味しい食事もそれほど必要ない……という年齢層の人たちが、社会の中心となっていきます。

経済活動を支える若者などアクティブ層が決定的に薄くなることで、**「消費活動の**

爆縮」という時代にも突入していくことが考えられるのです。

少子化による人口爆縮と超高齢化による経済へのマイナスの負荷が、需要面や供給面の両面で働き合って、超が付くほどのマイナス効果を発揮してしまうわけです。

さらに、急激な人口減少によって国内市場の縮小がもたらされると、投資先としての魅力は大きく低下してしまいます。

そして、一度経済規模の縮小が始まると、さらなる縮小を招く負のスパイラルに陥るのは必然の成り行き。国民負担の増大が経済の成長を上回り、実際の国民生活の質や水準を表す一人当たりの実質消費水準を低下させます。国民一人ひとりの豊かさが奪われるような社会へと没落していく可能性が極めて高いのです。

とにかく、モノが売れない社会。国内需要の減速はここ数年、日本の経済課題としてずっと言われていることですが、それに輪をかけて、本当にモノやコトが消費されない、恐ろしい時代がやってくるわけです。これは、本当に深刻な問題です。

くどいくらいに説明したのは、私はすべての国民が、この切実さを真正面から受け止め、共有しなければならないと考えているからです。

人口爆縮時代はすでに始まっています。ただ難しいのは、来年や再来年に一気に4000万人が減るわけではありませんから、誰もが喫緊《きっきん》の課題としては認識しづらいという点です。

でも、これは「ゆでガエル」と一緒です。温度を徐々にゆっくりと上げていくと、カエルは熱さを意識できず、そこから急に跳び出すような行動は起こしません。しかし一方では、確実に破滅へと向かっています。まさに今の日本は、お湯の中に入れられたカエルと同じ状況なのです。

ゆっくりと進行していく危機ほど怖いものはありません。気づかずに対応を怠り、「ゆでガエル」になってしまわないよう、国民一人ひとりが、自分の人生や生活に直結するリアルな問題であることを強く意識していくべきだと私は思います。

なぜ、ジム・ロジャーズは日本の株を全部売ったのか

世界3大投資家の一人である、ジム・ロジャーズという人物がいます。アメリカの

クォンタム・ファンドの共同設立者で、投資で得た収入で世界中を旅する冒険投資家としても知られています。彼は「21世紀はアジアの時代だ」と語るなど、本当に日本が好きで、大の日本びいきとしても有名です。

そんな世界屈指の投資家が、2018年秋に日本株をすべて売却したことを知っていますか？　大の親日家でもあるジム・ロジャーズが、なぜ、すべての日本株を売却するような行為に出たのでしょうか？

彼は、著書『お金の流れで読む　日本と世界の未来』（PHP新書）で、「私がもし10歳の日本人なら、ただちに日本を去るだろう」と書いています。

日本に希望が持てなくなった理由として、彼が挙げている大きな理由が、国の借金問題と少子化問題なのです。

前章でも詳しく触れましたが、国債残高が国と地方を合わせて1100兆円という多額な借金を抱える中で、政府が不必要な公共事業にさらにお金を注ぎ込んでいることは、政治家たちは自分たちの代で借金返済することを考えていない証拠だと指摘しています。

そして少子化についてては、過去の歴史を見ても、**人口の減少する国は必ず衰退する**とも記しています。

ちなみに、オーストラリアは現在の人口約2500万人から今後も増加が続き、2060年には5000万人近くまで増える見通しです。2100年まで見通すと、日本の人口減少率はマイナス40・7％。一方、米国はプラス31・1％、英国は同15・0％、世界全体だとプラス36・1％の人口増が見込まれていることを考えても、日本だけが突出して減少傾向にあるわけです。

G7の中において、マイナス13・4％のロシア、マイナス12・8％のドイツと比較しても、日本の人口減少がいかに危機的状況であるかが、お分かりいただけると思います。

「失われた20年」の真実とは

日本の経済において、バブル崩壊後の1990年代は「失われた10年」と呼ばれました。

しかし、2000年代に入って以降、銀行の不良債権問題や企業のバランスシートの毀損《きそん》が解決したというのに、日本の経済成長はバブル崩壊前の勢いを依然として取り戻せていません。

そして、経済再生が思うように実現しないなか、停滞を続けたその年月は、やがて**日本経済の「失われた20年」**と呼ばれるようになりました。

この失われた20年の原因は、日本の社会と経済の根本的な側面にあるといえます。つまり、日本の人口構成の変化、特に低出生率と長寿化による高齢化がもたらした結果といえるわけです。

日本の社会保障や財政規律などの古くからの制度は、人口が増加し、市場が拡大しているときに作ったものであるにもかかわらず、先の人口減と高齢化が予測された20年前、政府はその仕組みをほとんど変えようとはしませんでした。

その結果、**高齢者を支えるという重い役割は、社会で少数となりつつある若者世代が背負う**ことになっています。出生率の低下と長寿高齢化の入り口に立っておきながら、しかるべき手を打っていなかったという事実が、この不幸を招いているのです。

たとえば1990年は、日本の人口の上での転機の年でもありました。

日本の人口の推移と予測

1975年以降日本の出生数は減少の一途をたどっている

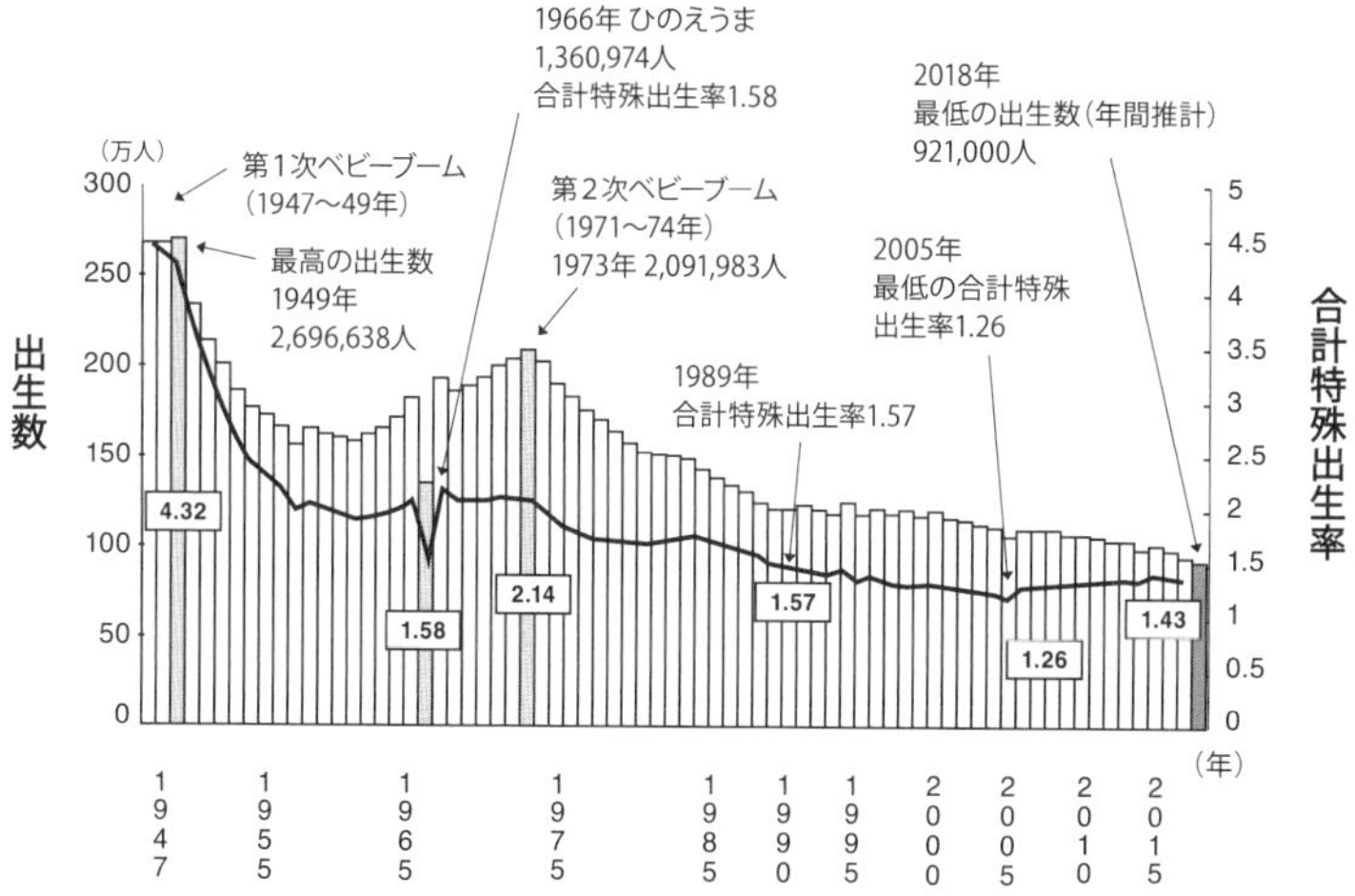

出典：厚生労働省

この時点で平均寿命は、75・9歳（男性）と81・9歳（女性）まで上昇しており、日本は世界有数の長寿国となっていました。

ところが、合計特殊出生率（1人の女性が生涯に産む子供の平均数：TFR）は、前年の1989年に1・57に減少していたことが明らかとなったのです。

ちなみにTFRの統計を取り始めた1947年の数値は4・54でしたが、やがて低下の一途をたどり、丙午《ひのえうま》の年で出生率が一気に落ち込んだ1966年には1・58まで下がったのです。その後の第2次ベビーブームで数値はいったん持ち直したものの、1989年に、1966年の1・58を下回る1・57という過去最低の数値を記録。今も「1・57ショック」と呼ばれ、人口減の転機になった年として記憶されています。

そして2005年には初めて**出生数が死亡数を下回り、ついに総人口が減少に転ずる人口減少社会**が到来。出生数は106万人、合計特殊出生率は1・26と、いずれも過去最低を記録したのです。以来、少子化の傾向には歯止めがかかっていません。

一方で、長寿高齢化はいっそう進み、2018年の日本人の平均寿命は女性が87・32歳、男性が81・25歳といずれも過去最高を記録。出生数の低下と高齢化の進展が如実に分かる結果となっています。

子どもを産まない若者たちに、政府もお手上げ

出生率の低下という極めて重要な課題に向き合うべく、政府も1990年代半ばから、「エンゼルプラン」や「新エンゼルプラン」といった少子化対策を行ってきました。2003年には、少子化社会対策基本法、次世代育成支援対策推進法が制定され、

2005年度からは、「少子化社会対策大綱」とその具体的な実施計画である「子ども・子育て応援プラン」にもとづいた少子化対策を推進しています。

しかしながら、そうした付け焼刃の従来の対策では、少子化の流れを変えることはできるはずもありません。

少子化が進み続ける理由はいったい何か。

答えはいたってシンプルです。**若者が結婚をしない、結婚しても子どもを持ちたがらない**からです。

そのことを示す、生涯未婚率のデータがあります。生涯未婚率とは「50歳までに1度も結婚経験がない人の割合」のことで、国立社会保障・人口問題研究所が、国勢調査の結果に基づく生涯未婚率を公表しており、2019年時点では男性が23・37%、女性が14・06%となっています（2015年実施の国勢調査による）。

なかでも、男性の生涯未婚率は、当初は2・60%という数字だったのが、1980年頃から早いペースで増えるようになってきました。一方、女性の1980年の生涯未婚率は4・45%であり、ずっと横ばいだったのが、2010年頃から増加傾向がみられるようになっています。

同様に人口動態統計によれば、第1子が生まれた時の母親の平均年齢も上昇し、2016年は30・7歳で、1975年よりも5・0歳、85年よりも4・0歳高くなっているのです。言わずもがな、第1子出産時の年齢は、第2子、第3子をもうけるか否かに影響を与えるのは必然でしょう。

まさに、結婚しない、子どもを産まない、つくらない若者たち。この原因・理由はいったい何なのでしょうか。

私自身、社内の若い社員たちと話す機会も多々ありますが、理由や背景に個人差はあれど、やはり将来の社会に対する漠然とした不安……というものが大きいのではないかと思います（もちろん、当社の若手社員はみんな、自身の洋々たる未来に向かって、希望いっぱいに仕事をしてくれていますが）。

内閣府が調査した「理想の子ども数を持たない理由」を見ても、子育て費用や教育費の負担を挙げる人が最も多く、他にも、育児の心理的・肉体的負担の重さや子どもの育つ社会環境の問題を理由として挙げる人が多くなっているのです。

つまり、**近い将来への経済的不安、社会への不安感**が、若者が子どもを持つことを躊躇させている……。このことの持つ意味の深刻さについて、あらためて深く考えなければならないと強く感じます。

働いても生活が楽にならないワーキングプアの問題

結婚したくてもできない若者が増えている現実には、働いても働いても生活が豊かにならない、**若者のワーキングプア問題**が絡んでいます。

たとえば、正社員になりたくてもなれない。非正規雇用で終身雇用ではない不安定な就労形態のため、賞与や福利厚生がない職場が多く、懸命に働いたからといって、すぐには生活が豊かにならないわけです。

20～39歳までの未婚男性のうち、約3分の1が年収200万円未満、3分の1が年収200万円から400万円まで。年収400万円以上を稼ぐ未婚男性は25％しかいないという統計もあります。（明治安田生活福祉研究所・2010年調べ）

もちろん、望んでも正規雇用にならない理由には個人差があり、一概に同じ要因が当てはまるというわけではありません。けれども本人の学歴や、コミュニケーション能力だけに由来しているわけではなく、立派な大学を卒業しても、普通に働いて生計を維持することが急速に困難になっている実情が多々あるわけです。

親を頼ろうにも、親は親で自分の生活維持に精一杯であることが少なくありません。若者が生活の土台を十分に築けないまま、ワーキングプアという厳しい状況に陥ってしまうケースが増えているのです。


ワーキングプアが拡大していった主な要因には、国の構造改革政策の下で労働分野の規制緩和が推進されたこと、加えて社会保障費の抑制が進められたことがあります。労働分野での規制緩和が繰り返され、企業の経費節減につながる雇用の調整弁として、非正規雇用への転換が急激に進められた結果、就労人口の35・5%にあたる1890万人が非正規雇用の就労者となりました。

十分なスキルを持たない非正規雇用が増えたことで、それを補うために、正規労働者の長時間労働が拡大し、相対的に賃金が低下するという歪んだ構造も生まれています。

何より、こうした弱い立場の人たちを救うための社会保障制度の整備は、現在の国の赤字状況ではどうにもなりません。社会的弱者とされる人々の暮らしを支えるセーフティネットの確立は、増税による自己負担増と給付削減が続くばかりで、まったくもって不十分なのです。

蓄えや住まい、良好な健康状態を失い、若者の貧困が拡大するという、将来に希望が持てない社会構造がどんどん作られているわけです。

「限界集落」より「限界自治体」が増えている

ここでひとつ質問ですが、「限界自治体」という言葉を聞いたことがあるでしょうか。

これは、社会学者の大野晃氏（当時高知大学教授）が1991年に提唱した概念で、65歳以上の高齢者が人口の50％を超え、税収入の低下と高齢者医療、高齢者福祉の負担増で財政の維持が困難になった自治体のことを指します。

特に地方の山間地域では過疎化と高齢化が急速に進行し、高齢化率50％を超える限界自治体が数多く出現しています。

もともと、65歳以上の高齢者の割合が50％を超えるようになった集落のことを「限界集落」と呼んでいました。

また、55歳以上の年齢が人口の50％以上である集落は「準限界集落」とされ、子どもが増えたり生産年齢人口が外から移ってくることなく、そのままの年齢比率が維持されると、10年後にはほぼ確実に限界集落となるといわれます。

さらに、65歳以上の割合が人口の70％以上の集落は「危機的限界集落」と呼び、近いうちに廃村や消滅に向かう可能性が高い、文字通り危機的状況にある地域とされています。

ちなみに限界集落について、2019年4月時点で行った総務・国土交通両省の調査によると、その数は全国で2万349に上ったことが分かりました。これは、2015年4月から約6000ほど増え、依然として増加傾向が続いています。

そして、過疎化の問題を市町村の数で見ると、実に**日本の全市町村全体のおよそ半数近くである46・4％（797市町村）が、過疎化が進む地域**となっているのです。つまり、町や村といった自治体単位で過疎化が進む「限界自治体」の増加が、国内でいっそう顕著になっているわけです。

過疎化が進む市町村の面積は、58・7％と国土の半分以上を占めています。このまま過疎化が進行して限界集落が増えてしまうと、国土のおよそ6割もの面積が、整備不能の荒地となってしまいます。実際、2050年には日本の国土の約6割が無人になるという、国土交通省による試算も出されているのです。

そうなると、どうなるか。限界集落の地価は、言うまでもなく下落が進んでいきます。それらは基本的に、**不動産を所有していても資産形成をしにくい土地**といえ、そうしたエリアが増えていくことは、地域や自治体の枠組みを超えて、日本全体の問題へとつながっていく憂慮すべき事態です。

まさに限界自治体の問題は、その地域だけの懸念だけでなく、日本社会全体で考えるべきテーマといえるのです。

独居老人の3人に1人が「老後破産」する世の中

こうした高齢化社会の進展は、健康寿命が延びるという前提であれば、非常に喜ばしい状況といえます。けれども社会の制度や仕組み、財政状況の改善が伴わない中では、様々な悲劇を生み出すリスクを伴うものとなってしまいます。

その1つが、近年急速に増えている、「老後破産」です。

リタイア後、経済的に立ち行かなくなって**破産を余儀なくされる高齢者は、いま全国で200万人を超えている**と言われています。

全国の高齢者は約3200万人いますから、高齢者の16人に1人は老後破産をしているという計算。しかもそのうち、一人暮らしの高齢者に限ると、3人に1人という高い割合で老後破産に陥っているのです。

これらは非常に深刻な状況であり、大きな社会問題となっています。

NHKをはじめ、老後破産の悲惨な現状を放映するテレビ番組も増えてきましたが、リアルな現実を伝えるためにも、私が知人から聞いた、75歳の独身男性Aさんの話をここで紹介したいと思います。

Aさんは60歳で勤めていた会社を定年退職し、3000万円近い退職金をもらいました。

第2の人生は、夫婦水いらずで海外旅行などをゆっくりと楽しもうと考えていましたが、奥さんのがんが分かり、あっという間に他界するという悲しい現実に直面しました。

Aさんはしばらく失意の日々でしたが、娘や孫たちに慰められて、なんとか元気になりました。

そして寂しさもあり、一緒に過ごす相手もいなくなったので、退職した会社に戻り、再雇用で働き始めました。

給料は現役時代の半分でしたが、若手や後輩から必要とされている感覚が嬉しく、独身でも充実したセカンドライフを楽しんでいたといいます。

ところが、転機になったのが、娘からの一本の電話でした。

「お父さん、旦那と別れたの。しばらく、お父さんと一緒に暮らしていい？」という突然の話です。

Aさんは娘の離婚にショックを受けましたが、「まあ、それも人生だ。しばらくはオレが面倒見るから安心しろ」と言い、２ＤＫのマンションで娘と孫2人との４人での生活がスタートしました。

Aさんは孫たちと一緒に暮らせて楽しい時間を過ごしていましたが、やがて、娘と孫2人の生活費がかさむようになっていきました。

65歳で再雇用の会社は辞めざるを得ず、年金生活がスタートしましたが、支給額が思ったより少なかったこともあり、貯金はどんどん目減り。気がついたらゼロになっていました。

娘の手前、生活費を出してくれとも言えず、孫もかわいいので、家を出て行ってほしいとも言えません。その結果、あれだけあった退職金も底をつき、しまいにはマンションの家賃も滞納するようになり、75歳で老後破産してしまったのです。


いま、困窮した高齢者が無銭飲食する犯罪が、あとを絶たないそうです。

Aさんのケースは、決して他人事《ひとごと》ではなく、誰にでも起こり得る事態です。

本来は国が年金制度を見直すべきだと思いますが、1100兆円もの借金を抱える国の状況を考えると、まったく期待はできません。

老後破産のような悲惨な状況にならないために、今から防衛計画を準備しておくことが大切です。私は、老後でも安心できるような「個人年金の仕組み」を作ることが本当に急務だと考えています。

今後年金はどんどん減り、もらえなくなっていく

老後破産に代表されるような、「老後資金」の枯渇という悲劇。働き盛りの40代後半から50代の方にとって、他人事とは思えない身近な問題です。老後を前にした、言いようのない不安感。それはどこから起こるのでしょうか？

最も大きなものは、**公的年金（老齢年金）に対する信用性の低下であり、それがもたらす将来不安**だと思います。

高齢化と少子化が同時に起きる人口構造の変化は、年金財政にも当然ながら大きな影響を与えます。

日本の年金制度は、「賦課《ふか》方式」を基本としています。これは、いま支払っている年金保険料が、将来自分が受け取る老齢年金の原資になるのではなく、いま年金を受給している人たちに振り向けられるという、世代間扶養を基本とした制度です。

つまりは、保険料を納める現役世代が減って、逆に老齢年金を受け取る高齢者世代が増えてしまうと、制度のバランスが崩れてしまうというものです。

２０１４年度の公的年金財政の数値を見てみると、実際の保険料収入で賄えている給付費は65％ほどしかなく、公費の投入や、積立金を取り崩したりしながらカバーしている状況です。こうした**苦しい状況は、今後高齢化と少子化がますます進めば、さらに深刻の度合いを増していく**のは容易に予測できます。

将来の公的年金制度に対する、言いようのない不安……。それが若い世代の活力をそぎ、結婚や出産が自分のこととしてイメージできないようなら、これほど不幸なことはありません。

そうした現実が、皆さんのお子さんやお孫さんの将来に待っているとしたら、何とかしなければならない……という強い気持ちになりませんか。

もはや、日本をドラスティックに変えていくための具体的なプランが、早急に必要であるということが、よく分かっていただけると思います。

新型コロナウイルスがもたらす経済への深刻な影響

2019年末、中国の武漢で発生した新型コロナウイルスは、世界中にパンデミック（感染爆発）を起こしました。

世界の主要都市がロックダウン（都市封鎖）を行い、世界の感染者数は4300万人を超え、死者も115万人を超える未曽有の被害を受けています（2020年10月現在）。もちろん、ウイルスの感染力は危険ですが、同時にやってくる経済的なダメージも甚大です。

日本においても、**2020年4〜6月期の実質GDPは、年率換算で戦後最悪の27・8%減。**東京オリンピック・パラリンピックの延期や様々な活動自粛によって、特に観光業、ホテル業、航空業界などのインバウンド産業は、売上ベースで9割ダウンを余儀なくされる苦境にあえいでいます。

さらに感染のリスクから、居酒屋やバー、カフェなどの飲食店、イベント関連企業なども軒並み大きな打撃を受けることになりました。

言うまでもなく、個人にも大きな影響が出ています。会社の方針で、リモートワークでの在宅勤務に変わり、しばらく復活の兆しが見えない企業に至っては、大規模なリストラによる人員整理も行われています。

当然、企業の売上が落ちれば、個人の収入も減ってしまいます。

経済的に生活が苦しくなり、家庭の財布のひもが固くなりお金を使わなくなると、さらに経済は悪化することになります。

そして、国の財布である財政にも、極めて大きなダメージを与えます。

ビフォーコロナでもすでに日本の借金は１１００兆円を超えており、アフターコロナでさらに企業の資金繰りが悪化し続けると、倒産が相次ぎます。

そうなると、企業や個人からの税収は減り、国の財政はかつてないほどに圧迫。補償や給付に関して１００兆円を超える財政出動も重なり、国債の追加発行を余儀なくされるなど大きな負担を強いられています。


新型コロナの感染の広がりは先が読めず、第３波、さらには第４波の到来がいつ来るとも限りません。特に、大企業に比べて企業体力が劣る中小企業は、依然として戦々恐々とせざるを得ないのです。

帝国データバンクは、新型コロナウイルスの影響を受けた倒産件数が、10月23日時点で全国で６４３件に上ったことを発表しました。都道府県別の発生件数では、最多は東京都で１４８件、続いて大阪府が66件、神奈川県が33件。業種別では、レストラン、居酒屋、喫茶店などの飲食店が95件で最多、以下、ホテル・旅館（59件）、アパレル小売店（44件）、建設・工事業（42件）、食品卸（42件）、アパレル卸（25件）と続いています。

件数の上位はいずれも、感染拡大防止のための外出自粛などの影響を大きく受けた業種で、消費者の活動が倒産にダイレクトに影響を与えていることが分かります。

こうした先の見えない経済状況だからこそ、**国の財政を変えるには、従来の概念に縛られない、大胆でダイナミックな方策が必要**であると、強く思います。

「ミラクルマネー」が日本の財政を激変させる

第1章で、国の財政の窮地を救う方法として、国債ではなく政府通貨を発行するという考え方について紹介しました。加えてコロナ禍の今こそ、旧来の概念にとらわれない、こうした思い切った施策が必要と唱える論客も出てきています。

本来ならばハイパーインフレの懸念が起こり得ますが、デフレとコロナ禍という苦境の中においては、むしろ政府通貨を発行する好機であるという考え方もあるわけです。

このまま失業率が増えていき、モノが売れないことによって、当然その価値も下がっていきます。出口の見えないコロナの影響によって、さらなる倒産劇が続くことも危惧されます。補正予算で捻出した117兆円の経済対策によって何とかもちこたえている企業も、体力が日々削り取られる中で、すでに従業員の人員カットが始まっているのです。

リモートワークによる在宅勤務、外出自粛によって、スーツもいらない、新しい服を買う必要もないという状況下で、アパレル・ファッション業界はまさに瀕死の状態。ホテル・観光、飲食業界は言うにおよばず、あらゆる業界の有力企業が軒並み業績の下方修正を迫られ、赤字への転落が相次いでいます。今後の税収を考えると、国の財政は怖ろしいほどの冬の時代を迎えることになりそうです。

コロナの第2波、第3波の襲来があれば、国民からさらなる給付の要望が高まるのは必至。中小企業への支援も含め、今後150兆、場合によっては200兆円を超えるような追加の補正予算の編成など、さらなるばらまきが起こりかねません。

ただ、これは人間でいう糖尿病と一緒です。

甘いものを食べなければパワーが出ないと、糖分の詰まった口当たりの良いものを1年間や2年間食べ続ける。そうなるとどうなるでしょうか。

代謝機能に異常をきたして血糖値が上昇、体のバランスが崩れて糖尿病を発症します。特効薬は存在せず、やがて合併症が起きて、体の部位によっては壊死《えし》するところも出てきます。体は機能不全に陥り、そう遠くない時期に死を迎えるという最悪の結末が待っているわけです。

誰しも自分の国を、自分の生活や人生を、そのような状況にしたくはないでしょう。

そのために、私が提唱するのが、**国の借金をゼロにし、企業所得・国民所得を向上させるための経済ビッグバン、ミラクルマネーの法則**です。問題先送りの政府通貨に頼るような小手先の施策ではなく、日本経済に新たな未来を創り、日本の借金をゼロにするための具体的なプランなのです。

そろそろ現在のわが国を取り巻く悲観的な話は止めにして、日本の経済と財政を変えていく、私のミラクルマネーの話に移っていきましょう。

起こすのは、国を変えていくための経済ビッグバン。**日本の財政問題をキレイに解決し、所得向上の未来への明るい展望を開いていくための方法**を、次の章から説明していきます。

2章のまとめ

◆日本はこの先40年間で4000万人近くの急激な人口減少が生じる、「人口爆縮時代」に突入する。

◆高齢化がいっそう進展し、世界的にみても圧倒的に「年老いた国」へと変貌。同時に「消費活動の爆縮」時代が訪れる。

◆近い将来への経済的不安、社会への不安感から、今や若者が結婚をしない、結婚しても子どもを持ちたがらない時代に。若者のワーキングプア問題も深刻。

◆財政の悪化から公的年金に対する信用性の低下が進み、将来に対する不安が加速する。

◆コロナ禍によって、2020年4~6月期の実質GDPは、年率換算で戦後最悪の27・8%減という衝撃的な報告。

◆国の財政を変えるには、従来の概念に縛られない、大胆でダイナミックな方策が必要。

第3章

日本の国富が倍増する神アイデア

日本経済が甚大なダメージを受けた２０２０年

全世界に流行が拡大した新型コロナウイルス。各国の社会環境や経済を悪化させた憎むべきウイルスですが、新たなワクチンの開発などによって、おそらくあと2年の間には終息すると私は見込んでいます。

しかし、その過程で深刻の度合いを増すのは経済であり、国の財政です。前の章で説明したように、コロナ禍によるリアル消費の低迷によって、日本経済はかつてないほどのダメージを受けています。

しかも、２０２０年4月に実施された国民一律10万円の特別定額給付金、売上が激減した個人事業主・中小企業を対象にした最大２００万円の持続化給付金や家賃支援給付金など、過去最大規模の大掛かりな財政出動が続きました。

財務省は7月3日、２０１９年度の国の一般会計税収を発表し、税収は前年度から1・9兆円減の58兆４４１５億円となったことを報告しました。

当初見込みの62兆４９５０億円からの大幅な下方修正を余儀なくされる状況で、２

019年10月に消費税増税を行ったにもかかわらず、法人税が前年度から1割超減り、10・8兆円となったことが響いた結果です。言うまでもなく、2月からの企業業績を直撃した、新型コロナウイルスの影響が大きいといえます。

また、企業の資金繰り支援のために、事業者の納税を猶予している措置等を考え合わせると、2020年度の税収はさらに大幅な落ち込みが確実な状況。これまでにない規模での財政赤字の拡大になることは間違いないでしょう。

こうした苦境のなか、このまま国内経済の先細りや財政のさらなる悪化に対して、ただ指をくわえたまま見ているだけでいいのでしょうか。私はそうは思いません。

そこで、皆さんに朗報があります。

私は、かつてないほどの財政難といえる、**現在の危機的状況を変えていくための「ワクチン」を開発**しました。

いえ、ワクチンという言い方は正しくないかもしれません。ワクチンを打てば、たとえばコロナにしても、今回のウイルスは防げるかもしれませんね。しかし、次の新たなウイルスが生まれれば、再び今回のような苦境が繰り返されてしまうのです。

私の考える「経済ビッグバンによるミラクルマネー」は、ワクチンのようないわば短期的な処方ではなく、免疫力や自己治癒能力、根本的な体力ともいうべき経済の構造自体を根底から変え、それによって日本の借金をゼロにしていく普遍的な処方といえるものなのです。

国の赤字が一発で直る資産形成の方法を教えます

国の借金をゼロにしていくにはどうするか。

前項で一般会計の税収について触れましたが、債務といえる国債を返していくには、法人税や個人の所得税を増やしていくのが一般的な考え方です。つまり、国民の所得を上げる、企業の所得を上げるということですね。

ただし、これが可能になると仮定しても、途方もない時間がかかります。1100兆円の借金をゼロにするには、40年や50年……いや、もっとかかるかもしれません。過去、半世紀以上にわたって作った借金なのですから、これを返済するには必然的に最低半世紀以上、100年はかかるというのが普通の見方でしょう。

そんな先のことまで、今の現役の政治家たちが本気で考えているとは思えません。所得の増加で税収増をはかるのは正論かもしれませんが、自分が生きている代で国の借金を解決しようという使命感があれば、問題を先送りし続ける、こんな生ぬるい「事なかれ主義」の政策に甘んじることはないはずなのです。

もちろん、国民所得・企業所得の増加をはかり、一般税収の増収をはかることは大事ですから継続して行います。けれども、もっと良い方法があります。

おそらく**10年から15年ほどのスパンで、「国の借金ゼロ」という命題は達成**できます。

その方法とは何か。

ズバリ、資産の形成です。**1100兆円の借金に相応するものを、資産として創り上げる。**国の赤字をドラスティックに転換させる、資産形成の方法。それが、今の日本に決定的に必要な経済ビッグバンの考え方なのです。

いえ、「考え方」ではありませんね。私は、実際には役に立たない理論や思想ばかりを振りかざすエコノミストや評論家ではありません。**自ら企業を、それを取り巻く人やモノ・情報・時間・カネを実際に動かしてきた経営者です。つまり、理念や方法**

論を自ら実践し、社会を、日本を変えていくアクションを起こせる実行者であると自負しています。

経営者である私の感覚の中では、国の財政を見るときには常に、企業のバランスシート（ＢＳ）に置き換えていくことが大事だと考えています。そうした視点で日本の財政のバランスシートを見ると、債務超過によるデフォルト（債務不履行）がいつ起こってもおかしくない状況といえます。

デフォルトが起こり、国の財政が破綻してしまったらどうなるか。今回のコロナ禍とは比べものにならないくらいの、個人や企業に言いようのないほどの影響が出ることは必至です。私たちが住んでいる世界が、まさに一変してしまうのです。

近年破産した国は10カ国を超えている

実はここ20年の間にも、デフォルトに追い込まれた国がいくつかあります。日本の反面教師として、いくつかの国の経済状況について触れてみましょう。

2009年、世界に大きな衝撃を与えたニュースに、ギリシャの財政破綻がありました。

同年の政権交代時に、実際の財政赤字が従来の公表データと大きくかけ離れていたことから、大幅な財政赤字を隠ぺいしていた事実が明るみになり、国債の価値が暴落したのです。

その影響は、欧州連合（EU）の通貨ユーロにまでおよび、為替相場でユーロが下落して世界のマーケットを震撼《しんかん》させました。財政危機に瀕したギリシャは、2012年に債権者との間で債務減免の合意を取り付け、デフォルトとなったのです。

EUやIMF（国際通貨基金）の支援を受けたギリシャ政府は、それと引き換えに、年金や公務員改革を通した緊縮財政政策、増税などの痛みを伴う改革を余儀なくされました。

その後、2017年に国債の償還時期を迎えて再び危機を迎えたギリシャでしたが、EUが融資の再開を決めたことで、国債のデフォルトは回避されることとなりました。

このように2000年以降、リーマン・ショックによる世界的な金融危機や、各地

2000年以降の主なデフォルト

何度もデフォルトを起こしている国も

国名	デフォルトが起きた年(原因)
ギリシャ	恒常的デフォルト状態
アイスランド	2008年(対外債務)
アルゼンチン	2001年(対外債務)、2002〜2005年(国内債務)
ドミニカ	2003〜2005年(国内債務)
エクアドル	2001年(対外債務)
ウルグアイ	2003年(対外債務)
ベネズエラ	2004年(対外債務)
インドネシア	2000年、2002年(対外債務)
モンゴル	2000年(国内債務)
アンゴラ	2000〜2002年(国内債務)
カメルーン	2004年(国内債務)
コートジボワール	2000年(対外債務)
ケニア	2000年(対外債務)
ナイジェリア	2001年、2004年(対外債務)
ジンバブエ	2000年(対外債務)、2006年(国内債務)

で勃発する紛争や政治的な混乱も加わり、デフォルトは世界各地の国で発生しています。

最近の事例では、2018年にアルゼンチンが通貨ペソの急落を受けて、IMFに支援を要請する事態となっています。

アルゼンチンはこれまで何度もデフォルトを起こしており、2010年からの6年間では政府債務のGDP比が50％を超えるほどになりました。

ちなみに日本の場合、政府債務はGDPの約200％ですから、50％程度の政府債務ならたいしたことないのでは……と思うかもしれませんね。

けれどもアルゼンチンのように、経済の基礎体力が小さな国では、GDPの50％程度の債務でも経済破綻につながることがあるのです。結局アルゼンチンが何度も経済危機を繰り返す要因は、「国の財政規律を守らなければならない」ことへの、国民の意識の低さが挙げられるのでは？　という指摘もあります。

では日本の場合は？　……決して他人事とは言えないように感じるのは、私だけでしょうか？

アイスランドの復活劇から学ぶこと

もう1つの例として、2008年にデフォルトに陥った国に、北欧のアイスランドがあります。

アイスランドという国は、特徴的な経済国家です。人口30万人強の小国にもかかわらず、2006年末の国内大手3銀行の資産は合計1500億ドルと、GDPの約8倍に達したほど。国民1人当たりのGDPも世界トップレベルにありました。

そんなアイスランドを襲った経済危機は、米国のサブプライムローン問題に端を発した世界金融危機の影響で金融バブルが崩壊し、国家破綻の寸前まで進んだ……というものでした。

アイスランド政府は、未曽有の金融危機を乗り切るために、最終的にはIMFに支援を要請、その後北欧4国からの救済融資を受けて何とか難局を乗り切りました。

そして金融危機後、自国の通貨であるアイスランドクローナが外国為替市場で暴落。結果的に通貨安によって輸出が拡大することになり、経常収支が大幅に改善しました。同時にアイスランドの強みである、主要産業の観光業は通貨安による恩恵を受け、経済が順調に回復していったのです。

デフォルト後、アイスランドの経済に起こったことは、日本にとっても参考になる側面があるといえそうです。

自国の強みを活かすことが、その国の繁栄につながる。国の財政を健全にするための措置や施策が、自国の経済の足腰を強くしていくことは大いに考えられるわけです。

日本国内の「国の借金」という一部に目を向けるのでなく、「国の財政と経済はどうなっているのか?」「それは世界基準に照らして見たらどうなのか?」——そうした本質を見極めた上で、その国ならではのポジショニングを明確にし、**持続的成長を可能にするストロングポイントを磨き上げていく**必要があるといえるのです。

コロナ後、インバウンド需要が復活する

日本政府は、今回のコロナ禍で大きく計画が崩れたものの、東京オリンピック・パラリンピックの開催を見据え、2020年は年間4000万人のインバウンド(訪日

外国人旅行者）を目標にしていました。

コロナ禍を乗り越え、長いスパンで見た今後の日本の観光業およびビジネスシーンを考える上で、やはりインバウンド政策は重要な意味を持つものです。政府も、地方創生・国際社会との競争という2つの側面から、いっそう観光事業を強化し、国としての活力の広がりにつなげたいとしています。

インバウンド政策で、より多くの訪日外国人旅行者を集めるには、国と民間、そして都市と地方との連携が欠かせません。そして、海外ネットワークを持つグローバル企業との連携で、日本の魅力を発信することも重要です。それは都市部だけでなく、地方の魅力を海外に発信するチャンスでもあるのです。

今でこそ当たり前になっているインバウンドですが、過去の推移をみると２０１２年までは、ほぼ横ばいでした。

その中で、日本政府は２０１２年以降、アジア諸国を中心にビザの発給要件を緩和。以降毎年、前年を上回る成長を続けています。中でも大きな転換期となったのは

2014〜2015年で、この時期に大きく訪日外国人数が伸長しています。

JNTO（日本政府観光局）によると、2019年年間の訪日外国人数（推計値）は、前年比2・2％増の3188万2100人で、過去最多を更新することとなりました。

中国が14・5％増の959万4300人となり、初めて900万人を突破したほか、東南アジア市場も空路の新規就航や増便の追い風で、特に後半にかけて伸長。なかでもフィリピンは21・7％増の61万3100人、ベトナムは27・3％増の49万5100人となり、年間で約2割もの増加を記録しています。

2020年1月に始まった新型コロナウイルスの影響は今後も無視できませんが、今後のワクチンや特効薬の開発によって、**本当の意味でのアフターコロナ時代が訪れたとき。日本のインバウンド需要が活性化する**のは、世界における確かな潮流であると、私は強く確信しています。

日本のバランスシート（BS）は企業ならば一夜で倒産

前項までで、いくつかの国の経済破綻や、経済再生の道のりについて紹介しました。では今一度、日本経済の現状について見ていきましょう。

経済社会という切り口でみたときに、それは言うまでもなく、あらゆる企業活動の総体によって成り立っています。国の収支構造は、いわば企業と同じ。国も企業と同様の、１つの事業体と言えるのです。もちろん国は公的なもので、会社はより私的なものですが、双方ともに社会的公器であることに変わりはありません。

そして、いずれも行っているのは、事業です。国は税金を徴収し、予算化して各種事業を遂行しています。会社は資本金をはじめ、社債などの借入金で資金を調達し、商品やサービスを販売して売上を立て、利潤を追求する事業を行っています。そして、本書で何度も書いているように、国にとっての借入金が国債なのです。

国も企業と同じ、というわけですから、いわゆる財務諸表も公開されています。

財務省のホームページを見ると、平成29年度の国の貸借対照表（バランスシート）が載っています。それによると、国の資産が670・5兆円、負債が1238・9兆円で、資産と負債の差額がマイナス568・4兆円となっています。

これは、資産よりも負債のほうが大きくなっている、債務超過の状態です。しかも、債務超過の状態が長期間続いており、**もし企業であれば、いつ倒産してもおかしくない危険な経営状態**……という見方ができます。

国に対するこうした危機感を、1人でも多くの方に共有していただくことが必要だと強く思います。

企業や国民から借金することは問題解決にはなりません

少し見方を変えて、経済産業省の資料を見てみると、日本には現在421万社の企業があります。当然それぞれに経営者がいて、自社のバランスシートは毎月にらめっこしながら把握しているでしょう。

ところが、国のバランスシートを見たとき、誰もがおかしいと気づくはずなのに、誰もおかしいと言わないのです。

仮に国を経営する経営者がいて、その人がまともな人物なら、現在の国のバランスシートを見たとき、この借金をどうやって返済するのかを考え、強い問題意識をもつはずです。

話はいたってシンプルです。**予算に対して支出が大き過ぎるわけですから、まずは予算を縮小することを考える**でしょう。

国民生活に影響のないムダな予算は大胆にカット。あるいは売上（税収）を増やすために、またクライアント（日本企業）の事業がうまくいくように、ドラスティックな対策を講じるはずです。

企業が儲かって従業員の給料も上がれば、法人税や所得税などの税収も増え、国と企業と国民は「三方よし」の関係になるのですから。

しかし、残念ながら現状としては、国は借金返済をするどころか、毎年新たに国債を発行し、さらに借金が増え続けています。

皆さんは、この状態をおかしいと思いませんか？　私は、明らかに間違った経営判断だと考えています。

経営者としての経験から、**国がこれ以上国債を発行して、企業や国民から借金することは直ちに縮小するべき**です。企業であれば、果断に新たな施策を打ち、利益の出る事業体質に変えていくための具体的なプランを推進するでしょう。

必要な予算（資金）は別の方法で工面すべきなのです。実は国が借金に依らないで予算を工面する方法があり、考え方と体制と計画が最も重要となるので、国家経営論として別の機会に譲りますが、現在の国の財政状況と国家経営は、民間の企業に当てはめるととても危機的な状態です。

一刻も早く、財政問題を解決する必要があります。

私は、**多くの国民が国のバランスシートを見ることで、この明らかにおかしい財政状況に気づくことが大切**だと感じています。

国家の経営問題は複式簿記で解決する

経理や会計を少しでもかじったことのある方はお分かりかと思いますが、バランスシートの基本概念である簿記の方法には、単式簿記と複式簿記というものがあります。単式簿記は、現金の増減を中心に記録を残す方法です。

現金の出入りを発生した順に「収入」と「支出」に分けて記録するもので、お小遣い帳がその典型でしょう。一方で複式簿記は、「借方」「貸方」という概念を用いて、少し複雑に帳簿をつけていくものです。

単式簿記は、基本的には現金の増減だけを把握して記帳を行っていくため、シンプルで分かりやすいのですが、その結果としての財政状態（現金や借金などの残高）が読みとりにくいという欠点があります。

では国の会計において、帳簿のつけ方はどうなっているのでしょうか。

かつて国の会計は単式簿記でした。しかし今では、予算執行を行う官庁会計システムで、仕訳区分の入力を追加して、歳入、歳出ともに取引1件ごとに複式簿記の仕訳を行うこととしています。

一般的な企業の貸借対照表（ＢＳ）

賃借対照表を国の財政に置き換えるとわかりやすい

資産	負債
・流動資産	・流動負債
- 現金 - 当座預金 - 売買目的有価証券 など	- 支払手形 - 未払利息 - 未払法人税等 - 預り金　など
・固定資産	
〈有形固定資産〉	・固定負債
- 建物 - 機械装置 - 車輌 - 土地　など	- 長期借入金 - 社債 - 退職給付引当金　など
〈無形固定資産〉	純資産 会社の正味の財産／自己資本
- 借地権 - ソフトウェア	・株式資本
〈投資・その他資産〉	- 資本金 - 資本剰余金 - 利益剰余金
- 株式 - その他有価証券 - 破産更生債権　など	
・繰延資産	
- 創立費 - 開業費 - 開発費	・評価換算差額等 ・新株予約権 ・非支配株主持分
資産	負債＋純資産

ただ、完全な複式簿記にはなっていません。というのも、固定資産の除却や評価替えに関する一部分については、この官庁会計システムとは完全には連動しておらず、別途作業を行っています。そのため、複式簿記を行っているもののまだ十分ではなく、国の予算編成や政策評価に対して、メリットが活かしきれていないということです。

企業の会計においては、もちろん複式簿記が利用されています。ではここで、企業の財務諸表（PL／BS）に国の会計を当てはめる形で、あらためて説明してみましょう。

最終的に、企業の場合は利益が出るからこそ、経済活動を存続していくことができます。

損益計算書（PL）に落とし込んだ場合、国の利益にあたるものは事業評価、事業効果というべきでしょうか。社会的価値や社会的利益といったプロフィット（Profit）を追求し、それを残すための経営努力をしていくことになります。

いっぽう、貸借対照表（BS）についても同様です。国の会計収支は、そのまま企業のバランスシートに置き換えることができるのです。

ここで、企業の場合の「企業価値」、国の場合の「国家価値」という概念が現れてきます。

会社をつかさどる企業価値というのは、事業価値と非事業資産の合計であり、つまりBSでいうところの資産と同等の意味を持つものです。ちなみに事業価値とは、企業の事業活動からもたらされる価値、いっぽう非事業用資産とは、事業と直接関連しない資産（株、不動産等）のことを指します。

そしてBSの上では、企業の持つ資産から、借入金などの負債を引いたものが、「純資産」となります。

国の場合も、基本的にはこれと同じです。

資産としては、企業でいう事業価値にあたる税収、同じく非事業用資産にあたる不動産などが含まれると位置づけられます。そして、資産から国債などの借入金を引いたものが、国の純資産というわけです。

つまり、分かりやすくするために大まかに言うと、**国の税収と日本の土地評価や金融資産から、国債などの借入金を引いたものが国の純資産**ということです。

そして、この純資産のことを、「国富」といいます。ちなみに国を企業にたとえれば、「自己資本」に相当するものとなります。

この**「国富」という名の純資産。これが、私が実践していくミラクルマネーによる経済ビッグバンの、非常に大きなカギを握る**ものになるのです。

「国富」としての純資産を増大させる

国富とは、国民全体が保有する資産から負債を差し引いた「正味資産」のこと。土地や住宅、工場などの資産から負債を差し引いた総額で、国全体の豊かさを示す数字でもあります。

たとえば、日本の国土である土地。この価値がいったいいくらになるか、皆さんは考えたことがあるでしょうか。

ふだんあまり触れられることがありませんが、日本の国土の土地評価や、国民一人ひとりの金融資産を合わせた「国富」はいったいいくらなのでしょうか。

内閣府が2020年1月20日に発表した、国民経済計算年次推計による数値があります。それによると、官民合わせた国全体の正味資産（国富）は、2018年末で

３４５７・4兆円となっています。

住宅・建物、構築物、機械・設備などの固定資産は過去最高の１８０８・８兆円。従来からの盛んな公共投資を反映し、インフラなど構築物が19・３兆円増加。固定資産以外では、土地が１２２６・９兆円となり、地価の上昇基調から5年連続で前年を上回っています。

さらに、家計の金融資産に占める現金・預金は、２０１９年12月末に１００８兆円となり、１０００兆円の大台に乗りました。

これだけの潤沢な資産が日本にある……。こうした話を聞くと、「なんだ、借金１１００兆円なんて、たいしたことないじゃん」と思うかもしれませんね。

確かに、なんとなく大金持ちの感じがして、精神的な安心感にはつながるかもしれません。けれども、この資産の中には、借金の返済に充てられるはずもない、政府の建物や構造物も含まれています。実際に換金できる資産となると大幅に目減りすることは間違いありませんし、何より、**個人の金融資産を売却して国の借金返済に充てるなんてことは、誰が考えても非現実的**でしょう。

預金封鎖やデノミネーションという施策も過去にありましたが、現代では行うべきではなく、そんな机上の空論のような安心理論とは異なる、もっとリアルな変革で国を豊かにしていく方法こそ重要なのです。

ＢＳを解決するために純資産を増やす

国の会計を企業に置き換えてみると分かりやすい……という話をしましたが、ではここで、企業価値を示す材料の１つである、ＢＳの純資産価額に注目して、「国の価値」について考えてみましょう。

未公開株式の価格を算出する際に、純資産価額方式という方法が使われることがあります。純資産価額方式とは、簡単に言えば、会社の「純資産価額」を株式の数で割って算出する計算方法。仮に現時点で会社が解散したとしたら、株主がいくらの財産を受け取れるのか……という視点で算出したもので、純資産つまり自己資本額で示される現在の会社の価値が、株価に反映されるものです。

この方式は、業歴があり利益を積み上げているが、将来の利益の見込みがあまり期待できない場合や、利益が少なく赤字体質の企業によく用いられています。

一方で多くの企業で用いられるものに、DCF法（Discounted Cash Flow）という方式があります。将来のフリーキャッシュフローや残存価値を現在価値から計算する方法で、その企業が今後どの程度利益を生み出す力があるのかを評価し、株価に反映させていくやり方です。

現在の利益を踏まえ、今後期待できる成長性を経済的価値として株価に落とし込み、それをもとに株価の時価総額や企業価値の評価につなげていくわけです。

たとえば企業と同じように、国が持つ価値も、同様のことが言えると思います。

歴代最長内閣となった安倍政権の「アベノミクス」の要の1つは、「未来に対する保証（コミットメント）」とされています。その保証とは具体的に、「物価が2％上昇するまで、金融緩和を続ける」というものでした。これは、投資に積極的な企業にとっては、非常に大切なコミットメントになりました。

このように現在の経済学では、**「未来に対するコミットメント」が最も重要視されると**言われています。そうした将来への展望こそが経済を動かし、未来に対するビジョンや明確なコミットメントが、国や経済を変えていきます。

誤解しないでください。なにも、政府にそれをやりなさい、と他人事のように言っているわけではありません。

未来に向かって大きな希望を抱くことのできる「経済ビッグバン」によって、国家の価値を上げていく。つまり、日本の純資産を増やし、国のバランスシートを変えて1100兆円の借金をゼロにする。これが、私たちが実践していく、リアルなシナリオなのです。

みんなの「タンス預金」で日本を救うシナリオ

日本銀行の発表によると、2019年12月末の家計の金融資産残高は1903兆円。前年に比べて3・3％増加し、2005年以降で最高を更新することになりました。

家計の金融資産のうち、「株式等」は前年比13・5％増の211兆円、「投資信託」は10・9％増の74兆円。そして、「現金・預金」は先述したように2・3％増の1008兆円で、初めて1000兆円を超えました。

つまり、**国民の手元にある現金と、金融機関に預けたお金の合計が、約1008兆円**ということです。

ちなみに、預貯金の中でも、いつでもすぐに使うことのできる普通預金は前年よりも増えており、特に「マイナス金利政策」が実施された2016年2月以降は、年々大きく伸びています。安倍政権で続くマイナス金利によって定期預金の金利が低下したため、いつでも自由に引き出せる普通預金に預ける人が増えているということかもしれません。

同時に、こうした超低金利時代を反映してか、最近は現金を手元に置く「タンス預金」が増えているようです。この「タンス預金」の総額について、民間の経済研究所が行った試算の結果として、2017年に総額「43・2兆円」という金額が報告されたこともあります。

これだけの資産を、私たち国民が、それぞれ個人で保有しているということです。

現在の日本の人口が1億2000万人として、子どもからお年寄りまでの1人当たりの資産に置き換えると、1008兆円は1人840万円という計算になります。

これは、実はものすごい価値を持った、大事なお金です。

そして、1008兆円のたとえば5％でも50兆円、国民1人当たりの平均で考えれば約40万円です。

これって、私たちがタンス預金として引き出しの中にしまっているおカネとほぼ同じ金額です。こうした資産を、何の活用もせずにそのまま寝かしておくのは、実はとてももったいないことだと私は本気で思います。

上手な投資や資産活用によって、たとえば40倍の2000兆もの資産価値に上がれば、誰もがきっとワクワクするはず。だって、国民1人当たり840万円だったおカネが、1人3億4000万円に跳ね上がるのですから――。

そんな夢みたいな話が、これから現実のものとなっていくのです。

これから日本の「経済ビッグバン」が始まる

ここまで書いてきて、察しの良い読者の方はあらためてお分かりでしょう。

日本を変えていく経済ビッグバン、そして**国の借金1100兆円をゼロにするため**

の具体的な方策とは、「資産の形成」です。現在の国の債務である1100兆円を超えるものを、資産として作り上げるための具体的なプランなのです。

つまり、**国の赤字が驚くほどの短期間でなくなる、資産形成の方法。これが、私が実践していくミラクルマネーの法則**です。

たとえば身近な例としてご理解いただけるように、家計に置き換えて説明します。

第1章の冒頭で、「もしもあなたに1億円の借金があったらどうしますか?」という問いかけをしましたね。

知らない間に1億円の借金が重なり、さらにそれが膨らんでいくBさんの家庭――。

災害が起きて、ウイルス性の感染症が流行り、家族が罹患《りかん》して医療費もかさむ日々。

そのため余計に借金がかさんでしまう毎日……。

そんな深刻な状況から抜け出し、1億円以上の借金をどうすればゼロにできるのか。

その答えは、こうです。

Bさんは、このままでは自分の家庭はダメになる、1億円の借金を何とかしたいと、一念発起して金策に奔走。古い友人に頼み込んだ結果、500万円というお金を借りてくることができました。

そんなBさんが投資したのが、不動産開発です。500万円で買える立地や条件を慎重に選定し、農地であったけれども宅地開発許可が得られる可能性があるとのことで、投資用の土地物件をCさんと相乗りで一部を分けてもらい購入したのです。

もともと不動産宅地開発ビジネスの才覚があったCさんのアイデアで、買った土地を積極的に開発していき、やがて宅地の造成にまでこぎつけました。

開発許可が取れ、住宅の建設に続いて、様々な施設や建物、公共物などを誘致していった結果、買った土地の資産価値が一気に上昇カーブを描いていったのです。

Cさんと一緒に500万円分の投資をして素地の一部を買い、そこに魅力ある企画を加えて開発した結果、不動産の価値は一気に20倍の1億円になったというわけです。

Bさんは500万円だった資産価値を、不動産開発という手段でさらに増大させ、その土地の持ち分を希望する買い手に売却しました。その結果、借金の1億円を無事に返済。それどころか、開発した不動産は、魅力あふれるニュータウンへとさらなる成長を遂げていったのです。

このBさんが築いたスキームを、より大きな国家プロジェクトで行っていく――。

これは、決して夢物語でも何でもなく、現実的に達成可能な、リアルなプロジェクトです。

そして、それを実現していく主役は、実は皆さん一人ひとりであるべきものなのです。

50兆円や１００兆円の資産が、それぞれ20倍や30倍になれば、１０００兆円、３０００兆円へと資産価値はダイナミックに増大します。それを可能にするモデルプロジェクトを、すでに私はスタートさせています。

日本の借金問題を解決するカギは、資産形成を目的にした「国家的都市開発（街づくり）」にあります。そのモデルケースがこれからご紹介する、**「共生《ともいき》日本《にっぽん》ゲートウェイ成田」**プロジェクトなのです。

また後述しますが、このプロジェクトは、日本の企業が海外で売上・利益を上げて所得を向上していく道筋を創る、外需獲得支援プロジェクトでもあることも付け加えておきます。

3章のまとめ

◆10年から15年ほどのスパンで「国の借金ゼロ」という命題は達成できる。そのための方法が、資産形成である。

◆アフターコロナ時代が訪れたとき。日本のインバウンド需要は再び大きく活性化する。

◆国がこれ以上国債を発行して、企業や国民から借金することは直ちに縮小すべき。国民一人ひとりがそのことに気付くことが大切。

◆国の税収と日本の土地評価や金融資産から、国債などの借入金を引いたものが国の純資産。

◆純資産を増やしていく資産形成によって、1100兆円の国の借金を短期で解決する。その具体的プランが「共生日本《ともいきにっぽん》ゲートウェイ成田」プロジェクトである。

第4章

1100兆円の財政赤字はこのプランで解消できる！

日本の借金を解決するための一大プロジェクト

本書を読んでくださっている読者の皆さん、私は、「自分が生きている間に日本の借金問題を解決したい」と本気で考えています。

それを実現するために立ち上げた、「共生日本《ともいきにっぽん》ゲートウェイ成田」プロジェクト。

これは、国の資産形成を目的とした都市開発モデルであり、国内産業を活かした外需獲得と、日本企業の海外進出支援を目的とした一大プロジェクトです。

このプランには、まさに国の財政と経済をドラスティックに変え得る、大きな可能性があると確信しています。

ここで、1つご質問です。都市開発と密接に関係するのが不動産投資ですが、では不動産投資による利益の挙げ方には、2つの方法があることをご存じでしょうか？

答えは、**「キャピタルゲイン」**と**「インカムゲイン」**の2通りです。

このうちキャピタルゲインとは、株式や不動産など購入価格の上昇に伴う利益のことをいいます。

具体的には、購入価格から売却価格の差額によって得る収益のことを指し、たとえば、株価3万円の株を100株、300万円で購入したとします。購入後に株価が値上がりして3万5000円となったため、すべての株式を売却したとすると、購入した時との差額5000円×100株で50万円の収益を手にできるわけです。

このように株式と同様に、不動産の価値が上昇した時点で売却し、生じた差額によって収益を得る方法がキャピタルゲインなのです。

一方のインカムゲインは、株式や不動産などの資産を保有している際に得られる収益のことをいいます。インカムゲインの対象としては、株式所有の際の「配当」が該当するほか、身近なものとして、銀行に預貯金を預けることによって定期的に得られる「利息」があります。

また不動産投資の場合は、毎月安定的な収入が見込める「家賃」が、インカムゲインに分類されます。

この2つの方法を、「1100兆円の国の借金返済」という観点から見たとき――。

外需を獲得して国民所得・企業所得を上げていき、その結果得られる税収を国のインカムゲインとして増やし、それを国債の返済原資にしていく方法だとどうでしょうか？　それはもう、とてつもない時間がかかります。

たとえば具体的に、現在の国の税収が50兆円として、外需を獲得して国民所得・企業所得を増やして税収を2倍の１００兆円に上げます。現在１００兆円の国家予算（必要経費）のうち、何とか10兆円を返済原資として拠出し毎年返済する。この計画でも、１１００兆円の完済には１１０年間がかかる計算になります。

そうではなく、たとえば10年や15年以内に借金返済が可能になる方法――。**それを叶えるのが資産形成であり、価値上昇後の売却益で収益を得る、キャピタルゲインの考え方**なのです。

この方法は、開発計画前の安価な上地（素地）に先進的企画や主権や特区等の高付加価値を加えていき、国家的都市開発を行うことで、開発許可が得られ、土地インフラ整備が始まれば、**50兆円や60兆円の資産価値だった土地を、何十倍の３０００兆円や５０００兆円の価値にしていくことが可能になる**わけです。

私はこれまで、不動産ビジネスのエキスパートとして、様々な物件開発はもちろん、都市の魅力創出を通じた資産形成を数多く手がけてきました。

これから詳しく紹介する「共生日本《ともいきにっぽん》ゲートウェイ成田」プロジェクトは、国家的な借金返済のための資産形成のモデルとなる都市国家レベルの土地や不動産に、圧倒的な付加価値を付けて資産を創り出し、それを裏付けに国債の償還を実現して、日本の財政を根本から助けるプロジェクトのモデルケースとなります。

どこかの人気取りの元芸能人政治家が言っているような、「国の借金は１１００兆円あっても、一方で国民の金融資産が１６００兆円（現在は１９００兆円）あるから大丈夫……」などという、気休めのような話ではありません。

私は「共生日本《ともいきにっぽん》ゲートウェイ成田」プロジェクトのその先には、日本の累積財政赤字を解決するための国家的な都市を開発する、具体的な規模の国際プロジェクトを立ち上げる所存です。

前章までで説明したように、政府通貨の発行でいったん借金は消えたように見えても、本当の意味で債務を返済したことにはなり得ません。そんなのは、いわば重病人に輸血だけを行って、肝心な治療を行わないのと同じ。実体経済の成長戦略なくして、この先の日本の発展はあり得ないのです。

だからこそ、債務超過の体質を根本から変えていく、本当の意味での前向きな解決方法を提案しましょう――ということです。

大事なのは、真の意味で借金をゼロにした上で、日本の財政の健全化と、成長性のある経済基盤を次の世代に残していくこと。それは、必ずや実現可能なことだと、私は声を大にして言いたいと思います。

真の問題解決となる「資産形成」を実現するために

これからの日本を担っていく若者や子どもたちの一方で、「団塊の世代」と呼ばれてきた１９４０年代後半生まれの方々は、70代というシニア世代の仲間入りをされています。

たとえば皆さん、「自分たちの世代で作った借金は自分たちで解決して、堂々と胸を張って人生の終幕を迎えたい……」とは思いませんか?

私自身、団塊の世代ではないものの、そうした思いは同じです。でなければ将来、あの世で自分のご先祖様にも合わせる顔がないのでは……？　ということです。

たしかに国を助けても、すぐに自分の所得がドンと上がるわけではないかもしれません。けれども、国の借金がなくなるということは、自分の子どもや孫たちに、きっと明るい未来を残してあげることができます。

この本は、国の借金1100兆円を作ったのは自分たちの世代であることを強く胸に刻んで、「みんなで債務ゼロという大命題に取り組もうじゃないか」――という私からの強いメッセージなのです。

「共生日本《ともいきにっぽん》ゲートウェイ成田」によって経済ビッグバンを起こし、財政問題を解決していく道が整えば、その先に国家的資産形成のプロジェクトが実現し、そこには純資産だけが残ります。そうすると、その過程の中でも国に関する発展的な政策をどんどん打っていくことができます。世界相手に何でもできる、日本中に夢と希望を与えることができると私は本気で考えています。

そして、日本経済の底上げを徹底的にはかり、世界に出ていくというところで、今度は**個人所得と企業所得が上がっていく**という未来像が見えてきます。

人口爆縮時代を迎えるいま、日本国内ではなく、海外に目を向け、世界と取引する。

「共生日本《ともいきにっぽん》ゲートウェイ成田」造成工事 地鎮祭

内需から外需主導の経済へと転換をはかり、海外で売上と利益を出せる産業を起こしていく。その流れを恒常的に作り出すのが、「共生日本《ともいきにっぽん》ゲートウェイ成田」でもあります。

資産形成の一方で、企業と国民の所得を上げていくインカムゲインの考え方ももちろん大事です。それを実現していくための永続的なプランの始まりであり呼び水が、このプロジェクトでもあるのです。

だからこそ、先に必要なのは、国の借金を短期間でゼロにすること。そして、未来に向けた継続的な成長戦略を本格軌道に乗せるための道筋を創ること。この2つを同時にスタートさせなければなりません。

まずは資産形成の面からしっかりと取り組み、次の所得増加を含めた2つの大事な

現地伐採工事の様子 2020年7月

要素のいずれも同時に実現していくのが、「共生《ともいき》日本《にっぽん》ゲートウェイ成田」です。

２０２４年の施設開設に向けて、すでにプロジェクトは動き出しています。

２０２０年７月、成田の地で、**「国の借金をゼロにする」「外需を獲得して企業と国民所得を激増させる」という大命題**を背負い、造成工事は予定通りスタートしました。

日本の玄関・成田が世界の玄関になる

皆さんは、成田市と聞いて、どんなイメージを持っていますか？　誰もが一番に思い浮かべるのが、以前の新東京国際空港、つまりは「成田国際空港」でしょう。

成田市は知らないけれど、成田空港は知っている……という人は少なくないかもしれませんね。でも大丈夫、その知識だけで十分です。

まさに**成田市は、日本の空の玄関口・成田国際空港がある都市**なのです。

千葉県の北部中央に位置する中核都市として、空港の開設とともに発展してきた成田市は、北部を流れる利根川を隔てて茨城県と接し、東は香取市と接する地形にあります。

西には県立自然公園に指定される印旛沼や根木名川、東側には大須賀川が流れ、それらを取り囲むように広大な水田地帯や肥沃な北総台地の畑地帯が広がっています。北部から東部にかけての丘陵地には工業団地やゴルフ場が点在し、一定のにぎわいを見せています。そして南に、成田国際空港があります。

また、市の中心部である成田地区は、千年以上の歴史がある成田山新勝寺の門前町として栄えてきました。

成田山新勝寺も成田市の代名詞ともいえる寺院で、年始には毎年1000万人を超える多くの参詣者が訪れます。市内には他にも数多くの寺社が点在しており、豊かな水と緑に囲まれた伝統的な姿と、空港を軸に発展してきた国際的な姿が融和した都市ということができます。

そして成田国際空港は、言うまでもなく**日本最大の国際拠点空港**です。乗り入れている航空会社数は99社、乗り入れ就航都市数は137都市141路線。このうち海外は40カ国3地域で115都市118路線、国内は22都市23路線と、まさに国際空港として機能していることがよく分かります。

1978年の開港から2020年9月までの航空機発着回数は、通算約625万回、航空旅客数は通算約11億人。名実ともに日本を代表する空の玄関口となっているわけです。

西の関西国際空港とともに、大都市圏の国際線専用空港として、成田空港の貿易額は日本全体の貿易額の実に14%を占めています（2015年）。開港以降、港湾および空港を含めた国内最大の貿易港として、わが国の経済に重要な役割を果たしてきたといえるでしょう。

また、国土交通省航空局（JCAB）は2020年1月、成田国際空港株式会社（NAA）が申請していた航空法に基づく空港等の変更を許可。2029年3月までに新たに第3滑走路（C滑走路）を建設し、既存のB滑走路が延伸されることが決まりました。

これによって、従来30万回だった年間発着回数が、50万回へと拡大することになります。これにより現在国内・国際線の年間の乗降客数は合わせて4246万人（2019年統計）、将来的には7000万人規模に拡大することが見込まれています。

NAAの田村明比古社長は、「観光先進国の実現を目指す上で、首都の玄関口である成田空港の発展が必要不可欠」とコメントしています。

国内最大の貿易港としての成田空港の役割は、今後いっそう大きなものになると見込まれているのです。

国際空港までわずか3分という地の利を活かす

ではあらためて、大規模都市開発による資産形成のモデルケースとなるプロジェクト、「共生日本《ともいきにっぽん》ゲートウェイ成田」の大枠について紹介しておきましょう。

このプロジェクトを進めるにあたり、私は成田空港から車で3分の場所にある、成田インターチェンジのすぐ目の前に広がる**敷地面積45・5万平米、約13万7000坪の土地を購入**（約4割超は国からの借地）しました。東京都心まで車で50分という利便性の高い場所でもあります。

13万坪の広さといってもピンとこないかもしれませんが、東京ドーム約10個分の広さというと分かりやすいでしょうか。この豊かな緑に囲まれた広大な土地が、「共生《ともいき》日本《にっぽん》ゲートウェイ成田」の計画地です。

2014年から開発に着手し、2018年3月に成田市の都市計画審議会に諮られ、県との協議を経て同年6月、地区計画案の決定・告示が成されました。そして2019年10月29日に、計画の開発許可通知を成田市より受け、2020年7月に晴れて工事の着工をみることになったのです。

成田は先述したように、利根川水運とともに江戸時代の人たちの生活を支えた門前町でした。そして今は、成田国際空港の存在によって、「世界の物流のポータル機能」

成田国際空港へは自動車で３分で行ける

を持つ、日本でも唯一無二の都市へと成長を遂げています。

私は、この成田が有する莫大なポテンシャルとエネルギーをより大きく胎動させることで、令和の時代の人たちの生活を支えていく普遍的な場所にしたいと考えているのです。

この計画地の土地所有者には、先述した国有企業である成田国際空港株式会社（ＮＡＡ）が含まれていて、空港と連携した開発計画が可能であることも大きなポイントです。

たとえば、成田空港とプロジェクトの場内を直結で結ぶ、自動電気運転バスを導入する予定もあります。空港の機能性と密接にリンクしながら、プロジェクトの価値を最大化させる開発計画に大きな期待が寄せられています。

かつて利根川水運が江戸の人たちの生活を支えたように、150年のときを超えて、今度は**「共生日本《ともいきにっぽん》ゲートウェイ成田」が、世界の人たちの生活を支える拠点になっていくわけです。**

計画地を上空から撮影

日本にお金が落ち、世界で稼ぐ呼び水の街「共生日本《ともいきにっぽん》ゲートウェイ成田」

「共生日本《ともいきにっぽん》ゲートウェイ成田」について、そのダイナミックなプランの狙いについては次の章で詳しく説明するとして、ここでは概要を記しておきます。

このプロジェクトには、大きく分けて次の8つの事業、目標・目的があります。

〔1〕大規模不動産開発

〔2〕日本初！ 47都道府県の特産品が集まる ショッピングモール&伝統工芸工房店舗街

〔3〕国際常設展示場&海外企業とのビジネスマッチングよる海外展開支援センター

〔4〕日本の優れた商材を海外と繋ぐB to B&B to C国際インターネット商品取引所

〔5〕海外進出支援ファンド&STO上場市場（セキュリティトークンオファリング）国際金融センター構想

〔6〕先進・革新・独創的技術事業化&産業化支援事業

〔7〕日本のマンガ・アニメ・文化・芸術・芸能に携わるクリエーター&アーティストなどの人才育成事業（「共生《ともいき》主義」では人材を人才と記します）

〔8〕アニメミュージアム&総合イベント、各種音楽イベント、各種文化イベント、eスポーツ等の複合的エンターテイメント事業

新都市国家開発により国の借金を返済する実証プロジェクト

1つめは「大規模不動産開発」で、国内外から観光客やビジネスマンたちが集まる街として、レトロモダン・レトロフューチャーな和的な文化溢れる先進都市をイメージして開発を進めています。

開発規模は、敷地45万５０００㎡に延べ床面積約50万㎡（約15万坪）で、東京ドーム10個分に相当。具体的な建設計画としては、宿泊街、物販・飲食街、劇場・エンターテイメント施設、スタジアム、国際展示場、ビジネスセンター、デザインセンター、各種ミュージアム、再生医療センター等々、日本が誇るあらゆるモノとコンテンツなどの商材と技術を幅広く世界にアピールできる街づくりを推進していきます。

豊かな緑に囲まれた広大な計画地

現在マスタープランのブラッシュアップを行っていますが、五つ星以上のテーマ型ホテルが4棟３３００ルーム、延べ３０００人規模の各種劇場、５０００人収容の各種イベントコンサートが行えるスタジアム、数万人規

ショッピングモールなどが入る

模の野外イベント施設、３０００社が常設できる国際展示場、**日本初の47都道府県の特産品と伝統工芸品が並ぶ大規模ショッピングモールを備えています。**

ほかにも、各種グルメ横丁、女性の美を追求するビューティー横丁、ファッション横丁、芸術の森を含み、総工費は２０００億円（システム等のソフト開発費は別）、年間来場者数２０００万人（インバウンド客１５００万人・国内客５０００万人）、年間売上４０００億円を見込んでいます。

ところで、本書のテーマである「資産を形成する」という視点で、この大規模開発を観た場合に、実際にどれだけの資産形成が成されているかについて説明しなければなりません。

現在、未だ宅地開発の造成工事途中（２０２２年完了予定）ですが、すでに**現時点**

「共生日本《ともいきにっぽん》ゲートウェイ成田」工程表

工程		2020年度	2021年度	2022年度	2023年度	2024年度
ハード	マスタープランバージョンアップ構想					
	マスタープラン					
ソフト	マスタープランバージョンアップ構想					
	マスタープラン					
1. 次世代スマートシティ						
2. アグレボバイオテクノロジーミュージアム						
3. アニメミュージアム						
4. ゲームミュージアム						
5. IDミュージアム						
6. にっぽんマルシェ						
6-1.	47都道府県特産品市場					
6-2.	伝統工房店舗街					
6-3.	アーティスト街					
6-4.	ビューティ横丁					
6-5.	グルメ横丁					
6-6.	ミニ劇場					
6-7.	旅籠					
6-8.	城郭ホテル					
7. 国際展示場						
7-1.	スタジアム＆国際会議場					
7-2.	再生医療＆バイオテクノロジーセンター					
7-3.	常設展示場					
8. 5Star Hotel						
9. バーチャル展示場						
10.インターネット日本商品取引所						
11. STO取引所						
12. 世界進出支援ファンド						
許認可関係	開発許可変更					
	建築確認					
	制限解除					
工事関係	土木工事					
	建築工事					

での事業評価は、総額で８０００億円弱と算定されています。

算定価格８０００億円弱に対して、素地の購入費、開発に掛かる経費と造成工事等の土地に掛かったコスト、建物やシステムソフト等の建設や施設運営整備に掛かるコストの総額が総工費２０００億円であり、**算定価格８０００億円弱から総工費２０００億円を差し引いた額の６０００億円弱が、値上がり益（売却を想定した含み益）となり、キャピタルゲイン**ということになります。

私がすでに投資した素地を購入する資金、開発に掛かった設計費、申請手続き費用及び造成工事に掛かる費用などを合算しても、１００億円に満たない額です。

つまり、宅地開発（土地インフラ）に掛かる経費を総額で１００億円とみても、評価額６０００億円弱の値上がり益は、すでに投資した土地資産の実に60倍の価値であることになるわけです。

実は、不動産開発の分野では宅地造成が終わった段階で、建物を建てずに土地だけ売る行為はよくあることで、中には開発許可を取得した段階で、造成工事をせずに素地のまま売却することも多くあります。

実際２０１９年10月には、私が当プロジェクトの開発許可を取得した段階で、開発許可付きの土地（素地）として譲渡を求められた経緯がありました。もちろん私には前述のごとく、国の借金返済の前例としてのモデルケースをつくること、日本企業の外需獲得を実現するという「志」というべき強固な目的があることから売りはしませんでしたが、当時のタイミングで一体いくらでの売却が可能か、不動産のプロとして試算していました。

その試算はズバリ結論を申し上げると、当時の段階でビット（競争入札）にかければ、１５００億円から、相手によっては１８００億円で売れたと思っています。

もし当時売却していたら、素地の段階で１００倍とは言いませんが、50倍～60倍で売れたことになるのです。

今後「共生日本《ともいきにっぽん》ゲートウェイ成田」の建物が２０２４年に完成し、実際に稼働し始めると、さらに資産価値が上昇することは間違いないと思います。

後述しますが、全てのインフラ整備が終わってプロジェクトが本格的に始動する頃には、見た目にも、国内評価も世界的評価も、産み出される社会的価値も、国際的産業価値も相当に上がっているとみており、私は事業評価額として1兆円の壁を超えるとイメージしています。土地インフラ投資の100億円に対して、実に100倍近いキャピタルゲインを狙うことになるわけです。

このように、**「共生日本《ともいきにっぽん》ゲートウェイ成田」のモデルケースが国の借金を返済する新たな都市国家プロジェクトの布石となり、確固たる成功事例になる**と考えているのです。

前述のように、すでに投資に対して60倍の資産を形成しているわけ（評価上ですが）ですから、国の借金を返済する資産形成の実証といっても過言ではないと確信しています。

つまり、国の借金を返済するプロジェクトは、「共生日本《ともいきにっぽん》ゲートウェイ成田」と同じように、投資し、資産を形成する開発を行うプロジェクトで、都市開発（世界から高い評価を得られる高付加価値の都市国家開発）の規模を50兆円規模まで大きくすれば、60倍で3000兆円の資産が形成されるのです。そのうち1100兆円の資産を売却するか、その資産を裏付けに通貨を発行するか、若しくは起債するかして、日本の国債を償還（返済）すれば良いわけです。そして、その様なプロジェクトの先例として考えられるのが、香港やシンガポール、深圳といった都市国家（特区含む）の開発なのです。

外需を獲得する呼び水となり、国民所得と企業所得を倍増させるプロジェクト

2つめは、日本で初めて「47都道府県の特産品が一堂に集まるショッピングモール（マルシェ）」を創るという一大プランです。

たとえば、北海道の特産品を扱う店が東京駅近くの八重洲にあるなど、各県単位のアンテナショップが東京都内に数多く出店している例はあるでしょう。しかし全国のどこを探してみても、常設でしかも大規模に47都道府県のショップが一堂に集まり、競い合って切磋琢磨する、業者もお客も熱くなるようなにぎやかなモールは存在していません。ですから、日本初なのです。

しかも国内の観光客だけではなく、外国からの観光目的やビジネス目的のインバウンド客を相手に、大規模に展開するのがこのモールです。その点でも唯一無二といって過言ではなく、まさに正真正銘の地方創生、国民総活躍型のショッピングモールと

なります。

実際地方を歩けば、駅ビルや空港などで、地場の特産品を熱心に販売している光景をよく見かけます。ネット上でもアマゾンや楽天、ふるさと納税の返礼品などで生産者が一生懸命頑張っている様子を目の当たりにしますが、生産者にとっては、いくら良い特産品を生産しても、常に課題は市場やマーケット、売り場の確保なのです。

農産物でも海産物でも、6次化（1次産業の生産＋2次産業の加工＋3次産業の流通を総じて6次化といいます）を目指した加工食品でも、良いものを作れば必ず売れるというものではなく、現実は厳しく、加工（2次化）まではできても流通（3次化）で失敗するケースを数多く見てきました。

私はこれまで、そうした多くの地方産業の苦悩を見てきて、一生懸命コツコツと実直に頑張っている全国の生産者の皆さんのために、大きな市場を創ってあげたい……とずっと感じてきたのです。それが、このプロジェクトでやっと実現してあげられることになり、とてもワクワクしています。

また、全国には伝統的な工芸品が山のようにありますが、その多くが時代と共に活力を失いつつあり、儲からないという理由で後継者不足に直面している現状があります。

日本の伝統工芸を復活させるにはどうしたらいいか——。私は20年来にわたってそのことについて考え、伝統工芸の苦悩を知ろうと、自らAMATELUZ（アマテラス）というファッションブランドを立ち上げ、革製品の生産・販売を行いました。

日本の革製品ブランド「AMATELUZ」

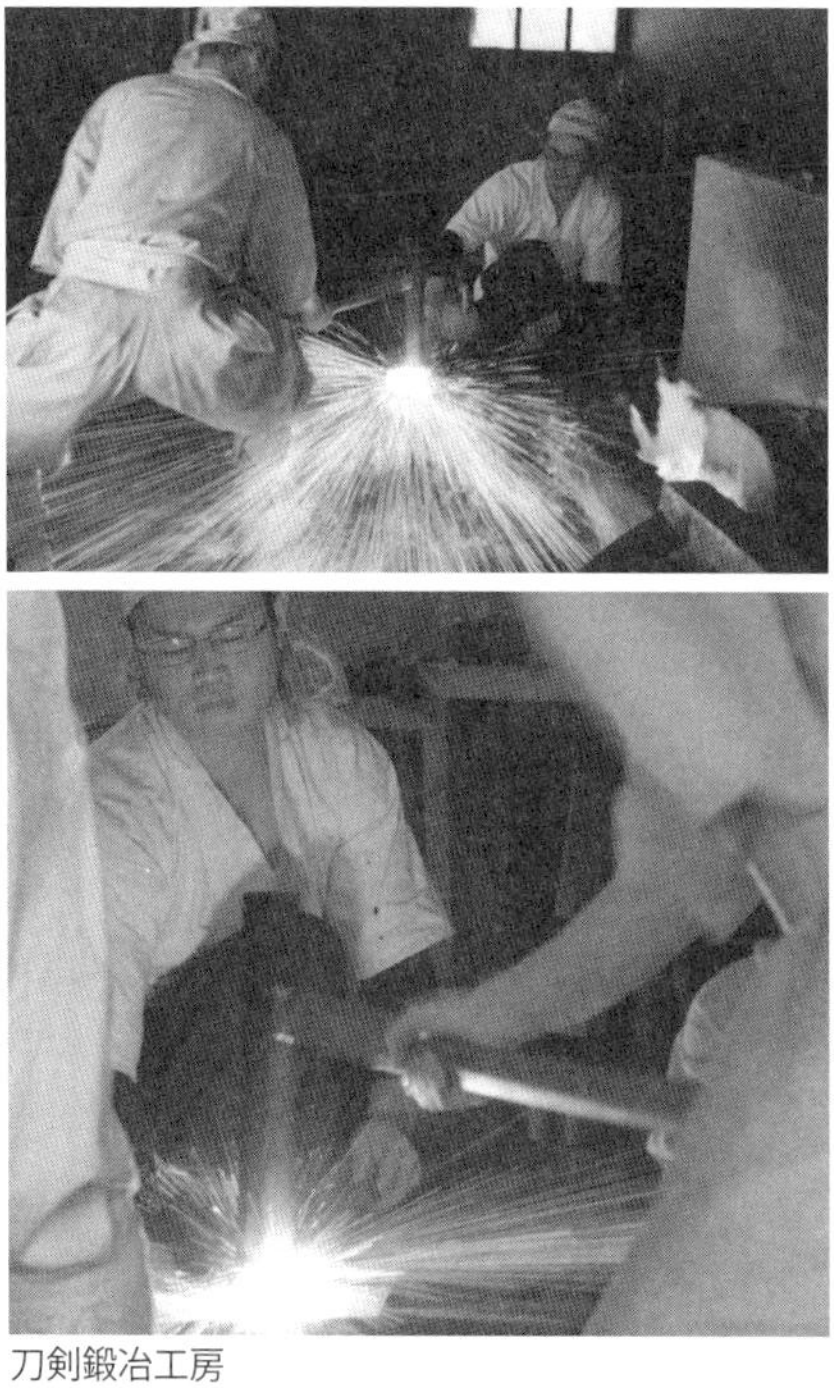
刀剣鍛冶工房

伊勢忍者キングダムの全体図

また、「日本のモノづくりの魂を籠めるこだわりの伝統精神は、武士の魂である刀鍛冶にあり！」と考え、「共《とも》生日本《いきにっぽん》ゲートウェイ成田」プロジェクトのハード＆ソフト開発の事前準備プロジェクトとして買収したテーマパーク、「伊勢忍者キングダム」内で現職の刀匠を雇い、刀剣鍛冶工房を造設。トン・テン・カン、トン・テン・カンと、トン・チン・カンにならないようにリズム良く「たまはがね」を打ち、実際に美術刀を生産し販売するという実体験を積んできました。その結果気付いたことが多くあり、そうした経験を経て、伝統工芸の工房店舗街をつくるという発案につながりました。

「共生日本《ともいきにっぽん》ゲートウェイ成田」プロジェクトでは、**「全国の伝統工芸職人が集まる工**

房店舗街」を整備し、世界の富裕層やマニアがオリジナルな作品を特注することが可能な、デザインセンター付きのユニークで面白い伝統工芸の工房店舗街を整備しようと考えています。

安土城の前の筆者

3つめは、国際常設展示場&海外企業とのビジネスマッチングよる「海外展開支援センター」

ところで、カンの鋭い読者の方はお分かりかと思いますが、**国際常設展示場内にあるビジネスマッチングセンターと、これら47都道府県の特産品市場及び日本伝統工芸**

工房店舗街が、世界でのビジネス展開のシナジーを生み出すことは想像するに難しいことではありません。

つまり、このプロジェクトは地方の特産品や伝統工芸品を直販するだけではなく、これらの商品を「他国で世界的に代理店として販売する」「共同で生産して販売する」というビジネスモデルが、半ば自然発生的に生まれて発展する機会につながるということです。

たとえば、中国の企業を訪問すると、董事長（中国では社長を総経理、株主兼CEOを董事長と呼ぶのが一般的）であるオーナー達のほとんどが、お茶を嗜んでいます。会社の董事長室には決まったかのように茶室ならぬ茶席コーナーが設けられており、商談などで訪れた来客をもてなす習慣があります。私も何百回ともてなしを受けてきましたが、中国のビジネスオーナーたちは、ウーロン茶・プーアール茶から始まり、ありとあらゆる高価なお茶を楽しんでいるのです。特別なお茶には、100g当たり数百万円もする高価なものもあり、私が接待を受けたオーナーの中には、お茶葉だけで日本円にして年間6000万円もの額を使っている方もいました。

そうしたオーナーたちに茶道具の話をした際、いつもこだわりをもって説明されるのが、茶釜です。このようなオーナーたちの茶道具にかけるこだわりや情熱には計り知れない側面があり、私が日本人ということもあると思いますが、結構な方々が南部鉄器の茶釜（鉄瓶）を評価し、購入して自慢していました。

茶には鉄が一番というわけで、「なぜ、中国の鉄製茶釜がダメなのか？」について質問すると、「中国人は中国人のことをよく知っている」「中国では鉄といってもどんな金属が混合されているか分からない」というのです。……おっしゃっている意味は分かりますが、笑えない話でした。

しかし、そこに大きなビジネスチャンスを感じたのも事実です。

そのビジネスストーリーの話をする前に、まずは南部鉄器を紹介しましょう。

南部鉄器の産地は岩手県盛岡市と奥州市で、盛岡では17世紀初めごろ、南部藩主が京都から釜師を招いて茶の湯釜を作らせたのが始まりとされています。一方の奥州は、平安時代末期に藤原清衡が近江国から鉄器職人を招き作らせたのが始まりとされ、歴史のある伝統的な工芸品の1つです。

南部鉄器の特徴は、銑鉄《せんてつ》を主原料として造られ、その魅力は質実剛健、素朴で深みのある味わいにあります。鉄の素材を柔らかに活かす独特のデザインは、南部鉄器ならではの表情を醸し出し、南部鉄瓶で湯を沸かすと味がまろやかになり、中国茶などが美味しくなると言われていることから、中国では南部鉄瓶が人気です。

２０１０年には上海万国博覧会にも出展した実績があり、特にプーアール茶は中国国内で南部鉄瓶が特に美味しいとの評判にもなっているようです。

中国茶が美味しく入れられる南部鉄瓶

この中国人気の南部鉄瓶を中国で販売したらどうなるか？　先にも述べたように、中国の中小企業などのビジネスオーナーたちは皆、お茶を嗜んでおり、お客をもてなすのがステータスとなっています。

では、マーケティングの観点から、中国ではこの南部鉄瓶がどのくらい売れるでしょうか……？一緒に考えてみましょう。

日本の中小企業数は約４２０万社ですが、中国では個人商店を合わせると約４０００万社にもなります。その４０００万社のビジネスオーナーたちをターゲットに、およそ５％と見積もって、２００万人のオーナーに向けて南部鉄瓶を売ることを計画します。

商品は既成のものでは高い値段で売れませんから、特別に有名デザイナーや優秀なディレクターを起用し、独創的でオリジナルな中国人好みのデザインで、付加価値の高い南部鉄瓶を地元の産地のメーカーと開発します。

値決めは、おそらく販売価格として30万円を下らないでしょう。というのも、通常売られている南部鉄瓶の価格が数万円から10万円程度。それを、中国人の好みに合わせた有名デザイナーによるこだわりのデザイン、製造にも力点を置いた付加価値の高い特別感のある南部鉄瓶を作ることによって、そのくらいの価格は当然見込めるのです。

肝心の販売ですが、実はこうしたビジネスを企画する上で最も重要なことは、**最初の段階からマーケットを持っているパートナーと共同で協議し、意見交換をしながら、マーケティングの観点から商品を開発して生産し、売ること**です。

今回のビジネスストーリーでは、「共生日本《ともいきにっぽん》ゲートウェイ成田」の日本伝統工芸工房店舗街に偶然来ていた「アリババ」集団の商品開発チームのスタッフたちが、南部鉄瓶の魅力に惹かれ、ビジネスマッチングセンターに相談に来られたあと、縁に恵まれてパートナー企業との商談が進んだ――と仮定しましょう。

アリババ集団は、中国一のインターネット流通販売網のプラットフォームを運営しており、例えるなら、アマゾンや楽天と同類のビジネスを行っていると理解すれば分かりやすいと思います。

このアリババ集団の年間の売上金額は2020会計年度で約7兆6500億円、利益約2兆2500億円を挙げるビッグ企業であり、実際の商品取扱高は年間で1兆ドル、日本円にして110兆円にもなります。アリババ集団は、中国の「独身の日」11月1日の商戦で、たった一日の商品取引額が4兆円を超えたことでも有名です。

そして、この**アリババ集団をパートナーに中国でのマーケティングを戦略的に行い、**今回企画した特別な南部鉄瓶を販売した結果、30万円×200万個＝6000億円の売上を見込める事業が成立することになります。

事業は分配ですから、この売上からの相当額が南部鉄器の生産地に分配されることになりますが、半分と見積もっても3000億円の売上が立つことになり、地域産業としては喜ばしい事業になり得るのは間違いないでしょう。

まさに地域活性化、地方創生に極めて大きなインパクトを与えるプロジェクトなのです。

ところで、こうした事例は南部鉄器だけに留まらず、伝統工芸品以外にも、たとえば農産物・海産物からの加工食品などでも十分に取引が行われると考えられます。漬物・味噌・菓子・スイーツ・乳製品・ハムソーセージ・干物・塩辛・燻製・缶詰・冷凍食品……など、あらゆる優位性のある加工食品が取引の対象となり得ます。日本の食品は他国と比べたら割高ですが、どのような国にも富裕層はいるもので、日本の安心できる食材で、しかも美味しいとなれば売れるのです。

大事なのはマーケットを持っている相手国のパートナーとの取引内容であり、特別な産物であればあるほど、代理店やOEM（相手方ブランド）での販売が直ちに可能となります。たとえば、合弁会社などを作って相手国で生産して販売するような踏み込んだ取引は、商材と管理体制に留意しながら行うことが肝要と言えるのです。

日本企業と対象国の販路を持っている優良企業とのマッチングを行うプロジェクト

次に、**国際常設展示場と、ビジネスマッチングによる「海外展開支援センター」**の内容・戦略について詳しく説明します。

外務省のデータでは、海外に進出している日系企業の総数（拠点ベース）は、2017年10月1日時点で7万5531拠点です。また、『週刊東洋経済』の過去40年にわたる追跡調査に基づく企業総数のデータでは約3万2400社と、日本の企業数約420万社（大企業は全体の1％に満たない）のわずか0・77％の数字です。つまり、1000社に7~8社が海外進出を行っているに過ぎないという状況が浮かび上がってきます。

なぜ、日本企業にとって海外進出が難しいのか？　その理由は大きく3つあると私は考えます。

まず、**第一に経営者自身に経験がない**ことが挙げられます。経験がなければ具体的な方法がイメージできず、戦略的手順や準備の中身などが分からないケースです。

多くの中小企業の経営者は、海外マーケットとの有益なコネクションや人脈に乏しく、海外市場の状況や商慣習、消費者の動向などの的確で詳細な情報を得ることが難しいのが普通です。それゆえに、経営者自身が着想や着眼などの海外進出の発想そのものを持つことが出来ないでいるケースが多いと考えられるのです。

第二に、担当する社員がいない点が挙げられます。つまり、人才（＝人材）の乏しさです。

経営者本人が海外進出を積極的に考えていても、道を開き海外市場を開拓できる、有能な人才との縁を得られない現実があるのです。実際、海外でのビジネス経験をもつ人自体、国内では希少ですから、その中で自社のビジネスを担ってくれる有能な人才を見つけることは極めて困難であると言えます。

最後に**第三の理由として、資金**です。多くの中小企業は資金力が豊富ではありませんから、海外展開を図るための余剰資金などの予算を持ち合わせておらず、常に資金的に余裕がない状況であるのが実情です。

どれだけ優位性のある技術や商材やノウハウを持ち合わせていても、資金力が無ければ海外展開は簡単に進められるものではありません。実際に企業の海外展開は困難が付きもので、国内経営で発生する問題以上に、海外では何倍もの危険とリスクが付いてまわります。ですから商談内容について話を詰めるにも、時間と経費が余計に掛かり、また想定していない事態や問題が発生して無駄な経費や損失が発生することもしばしばなのです。

私の経験を少しお話ししましょう。中国天安門事件から10年が過ぎた2000年頃から、日本国内である種の中国進出ブームが起こり、私の周りの経営者たちも、そろって「中国詣で」を始めました。

私自身もその頃から中国へ行くようになり、観光的な視察から始まって、段階を踏んで投資案件の調査に行き、数々の商談を行いました。その数はおよそ30件以上で、青島や大連での分譲マンション事業や北京でのオフィスビル投資、上海から黄山までの高速道路投資、北京郊外でのシニアタウン開発など様々なものがありました。ほかにも、青島での大規模老人ホーム開発事業杭州における大規模シニアタウン計画・鉱山投資・衛星通信事業・中古車輸出入流通事業・自動車部品流通ネットワーク事業・

車検システム整備事業・農業・林業など、挙げればキリがないほどの視察と商談と契約に携わり、合わせて現地での懇親・交流を重ねてきました。

これらの私の中国ビジネス紀行は機会があれば別の書籍に書きますが、ここ数年は中国から来ていただくケースが多くなり、現在も中国における現地人脈との取引は続いています。実業と金融の取引で、数十億円から数千億円の取引を推進するに至っており、最近10年から15年の間に要した諸経費だけで、4億円ぐらいを使っています。

それはさておき、20年ほど前から私と同様に多くの企業が中国に進出して取引を行いましたが、その中には、中国との合弁会社を設立したにもかかわらず、事業を任せて乗っ取られ、金を騙し取られたり、資本金が消失するなど、悲劇的な失敗を重ねるケースを数多く見聞してきました。

ある企業はパートナー相手の中国側を問い詰めると、「我々は先の日中戦争を忘れていない」とか「南京大虐殺を忘れない」など、見当はずれの問題にすり替えられて凄まれたり、開き直られたり……といった事例もありました。日本企業の多くの経営者が、異口同音に「騙された……」と落ち込む姿を数多く見てきたのです。

これまで幾度となく聞かされた、当時の中国進出企業の結果情報をもとに私なりに分析してみると、ビジネスの勝：敗は1：9といったところになるでしょうか。まさに憂うべき状況であったのです。

ところで、こんな話も聞きました。今でこそ世界最大の中国自動車販売市場で活躍する日本の自動車メーカー各社ですが、その中の大手自動車メーカー1社が北京に進出した当時の話です。

なんと、そのメーカーが最初に投資した北京の自動車工場において、30億円の損失を出して進出に失敗したというのです。30億円といえば大金です。普通の中小企業ならそれだけで日本の本体もろとも倒産の憂き目に遭ってしまうでしょう。しかし、その自動車メーカーは大企業ですから、その後にきちんと北京に工場を建てて生産を開始し、現在の中国市場の基盤を確立させました。

お察しの通り、この自動車メーカーのケースは資金が潤沢で、現地での諸問題をスピーディーかつ的確に解決できる人才がおり、他国での海外投資や実業の経験を積んだ経営陣が経営する大企業だからこそ、事なきを得たわけです。30億円程度の失敗ではビクともせず、一時的には損失であったものの、その後には損失をゆうに穴埋めして大きく稼いでいく経営力があったのです。

つまり、**大企業は経営陣、人才、資金力も含めて海外展開における問題解決能力に長けています。ところが、多くの中小企業は同じようにというわけにはいきません。**

その点を、まずは明確に自覚することが必要……ということになります。

そこで、こうした中小企業の海外進出の足枷《あしかせ》になっている問題点を解決する戦略として私が採った策が「日本の優位性のある商材を持つ企業と、対象国のマーケット（販売網）を持つ販売力のある優良企業とのマッチングを行う」というものです。

たとえば、水は高いところから低いところへ流れますね。つまり高位（高位置）から低位（低位置）に向けては、何でも受動的に流れるという自然の摂理があります。同様に優位性のある商材も高位であることから、対象国においては、水のごとく流れていく……ということになるのです。

そして、そこで大事になるのが、パイプ役である対象国のパートナーの存在です。水がパイプを通じて流通するように、商材もパイプ役であるパートナー企業の販売網を通じて流通させなければなりません。

その際には、優位性のある商材を保有する国内企業は、基本的にパートナーに販売を任せることになりますから、自社に負荷をかけることなく、自動的に売上と利益が得られる仕組みをつくることができます。前述したような時間の逸失や、経済的失敗を犯す可能性は極端に減ると考えられるのです。

日本の420万社の中小企業が世界で活躍するためには、中小企業の海外展開で足枷となっている問題解決を図るための戦略の構築が不可欠です。つまり、**海外の販路（マーケット）を持つ有力企業とタイアップするスキームを作ることが、成功への近道**であるということが言えるのです。

まさに共生共栄のスピリッツで相手国企業とウインウインの「共生《ともいき》関係」を構築することが成功のポイントであり、狙いとなります。

中小企業の海外展開をサポートする総勢1200人の有能なコンサルチームを形成

中小企業が海外展開を行う難しさとリスク、足枷となっている課題を解決する戦略について前述しましたが、問題はその方法です。

日本の優位性のある商材を持つ企業と、対象国のマーケット（販売網）を持っている販売力のある優良企業とのマッチングを行う――。その戦略を具体的に実行に移すには、どうしたらよいのか？「言うは易《やす》く行うは難《かた》し」です。

実は商材の優位性が高ければ高いほど、その商材を保有する中小企業のオーナーは、とても扱い難い人物であることが多々あります。特に、技術やノウハウのキーマンがそのオーナーであればあるほど、取引がとても難しくなりがちなのです。

日本人同士の企業間取引でもこうしたオーナーたちは気難しいのですが、それが外国人の外国企業となると、その商談は簡単にはまとまりません。なぜなら、お互いの生きてきた背景（生活文化・言語）が違うこと、置かれている立場の違い、信条や信念の違い、思惑の違い、理解力の違い、ビジネスの経験や環境の違い、商習慣・法律・会計・税務の違い……等々。そもそも互いに相手を理解することができる経験と情報ベースが不足しており、その状態で引き合わせてビジネスを任せてしまうと、九分九厘、商談はまとまらず破談となってしまいます。

そこで登場するのが、**仲保者としてのコンサルタント**です。

コンサルタントはチームと組織（すでに専門法人設立準備に入っています）で行動しますが、その仕事は単に仲立ちに入るというだけではなく、海外展開を目論む企業の支援サービス全般を行います。

企業の海外展開に必要な方法の幾つかにのっとり、商材の販売・販売代理・OEM販売・業務提携・合弁会社・資本提携・事業（企業）買収・事業（企業）売却などの業務を行い、双方のニーズと要望に応えてベストパートナーを見つけること。そしてお互いがウインウインとなるように商談をまとめることがその役割です。また、外国企業はその背景が見えにくいところがありますから、相手企業の信用調査や企業調査等も、クライアント企業に代わって行うことになります。

では具体的に**「共生日本《ともいきにっぽん》ゲートウェイ成田」**において、**日本企業とマッチング相手の海外企業を募集する手順と方法はどのように行うのか。その戦術的方法は、次の通り**です。

〔1〕バーチャル展示場の開設を2021年に行う。

〔2〕開設と同時に優位性のある商材を保有する企業を募集し、バーチャル展示場に展示してもらう（最終的な目標は数十万商材）。

〔3〕企業募集と同時並行で、コンサルタントチームを編成し、ビジネスを開始する。

〔4〕コンサルティング開始から早々に複数の成功事例を打ち立て、当該成功事例をもとに全国でセミナーを行い、コンサルティング↓成功事例↓募集拡大↓コンサルティング↓成功事例を繰り返しながら、バーチャル展示場への展示加盟社数の拡大を図る。

〔5〕2024年のオープンに向けて、バーチャル展示場の情報の中から有望な300社を選び、常設国際展示場に展示する。

〔6〕総務省・経済産業省・文部科学省・農林水産省・総務省・外務省等々、その下部組織下の各種団体も含めて日本政府機関の協力のもとに、世界の各国政府及び機関との連携体制を構築する。

〔7〕対象国（特に発展途上の相手国）のビジネスマンとの商談と成功事例をドキュメンタリー映画にして世界に配信するなど、各国のビジネスマンに「共生日本《ともいきにっぽん》ゲートウェイ成田」に来て、日本の企業と提携すれば成功できるという「ド

リーム」ストーリーを世界に広報し世界中に印象付ける。

この1から7の方法を採ることによって、2024年の常設国際展示場オープンまでの間に、マッチングコンサルティングとしてのモデルは先に生まれることになります。加えてオープンまでの間に、バーチャル展示場でのビジネスや、マッチングビジネスの実績も両立できる内容となるわけです。

この中で、**企業の募集やマッチングビジネスを成功させる最も大事なポイントは、それを実行するコンサルタントたちの能力と組織力**にあります。その意味でも、過去に東京証券取引所二部上場の経営コンサル会社の代表の立場で経営を行っていた私の経験を活かし、このプロジェクトの理念と志と戦略を共にする、新たなコンサルタント集団である専門法人を設立する準備にすでに入っています。

私は2024年の「共生日本《ともいきにっぽん》ゲートウェイ成田」のオープン後、5年以内の総コンサルタント数は1200人程度となり、約200人が首都圏で活躍し、地方に約1000人のコンサルタントたちが活躍していくイメージを持っています。また地方で活躍するコンサルタントの多くは、都市銀行や地銀や信金などで働いていた金融機関ＯＢが活躍し、全国のあらゆる業種の中小企業をまわりながら、勇気づけている風情を思い浮かべています。

全国４２０万社から優位性のある数十万の商材を発掘し世界に繋ぐプロジェクト～近江商人「三方よし」の国際版、国家間の共生《ともいき》経済の実践プロジェクト

ところで、数十万商材を展示しているバーチャル展示場、及び常設国際展示場が出来上がったとして、それをどのようにして海外の企業と繋いでいくのか……。そこには明確なビジョンとストーリーがなくてはなりません。

２０２４年に常設国際展示場がオープンした暁には、年間１０００万人を超える来場者の中で、ビジネス目的の観光客もその中に多くいると考えられます。オープンまでの活動として、前述したように、すでにマッチングビジネスは始まっており、その活動を行いながら、日本政府と外務省・経産省・独立行政法人日本貿易振興機構（Ｊ

ETRO）などの政府機関と連携して、世界の各国政府機関・大使館のネットワークとのコネクションを活用することが大事な点であると考えています。

「共生日本《ともいきにっぽん》ゲートウェイ成田」プロジェクトは6年前から推進しており、以前に訪問した国で、その国の機関（日本でいう経産省管轄、中国では商務部管轄）の関連事業を行っているセクションと接触する機会が多々ありました。「日本の成田でリアルにバーチャルに展示場を設置して、海外企業とのネットワークを広げる企画があるのだが、乗らないか？」という私の問いに、インドネシアも中国も大乗り気でした。

この体験から、どの国も日本の技術や商材に魅力を感じており、私自身、企業ネットワークの事業提携は各国ともに興味が高いとの認識を得ていました。実際にこの取り組みは**日本側の企業だけが得するものではなく、提携先の相手国の企業も売上と利益が向上する取り組み**となる点にも意義があります。

また、優位性のある商材は一般消費者にとっても喜ばしい社会的価値を産むことになり、近江商人の思想哲学である**「買い手よし、売り手よし、世間よし」の三方よしの国際版**と言ってよいプロジェクトです。

私は、日本国民は世界の中でも優秀な国民だと自負しており、日本の技術で世界を救うことが出来ると本気で信じている者の一人です。したがって、「共生日本《ともいきにっぽん》ゲートウェイ成田」プロジェクトを通じて、日本の技術やノウハウによって世界各国の経済を底上げすることができると確信しており、各国もまたそれに期待するであろうという確かな感触を持っています。

そして、最も大事になるのがプロジェクトの動機と目的です。動機と目的は、理念と思想に裏打ちされるものでなければ、相手国から確信をもって本気で信用されることがないものだと私は考えます。日本側が相手国に出向き、国の管轄セクションの担当者に、「あなたの国の経済の活性化と底上げにつながるから」とプロジェクトの説明をしたとしても、彼らが本気でこのプロジェクトを応援するかどうかは、私たち自身の信念と、その裏付けとなる理念と思想があるか否かに懸かっていると言えるのです。

ロシア戦争当時、50歳だった日銀副総裁の高橋是清《これきよ》がイギリスへ渡航して日露戦争の戦費を工面した時、正しく彼にヤコブ・シフを口説くだけの信念と理念と政治思想が無ければ、ヤコブ・シフも当時の米国ユダヤ資本も動かなかったに違いないと、私は思います。

高橋是清（たかはし・これきよ）。日銀総裁を務めた後、総理大臣や大蔵大臣を歴任。1936年の二・二六事件で暗殺された

私は、日本が世界経済を本気で救えるという信念を持っています。そしてその**信念の裏付けは、ポスト資本主義たる「共生《ともいき》経済主義」であり、日本が世界各国と共に生き、共に栄えるという思想のもとに行動を起こすこと**が、各国国民の共感を得て、応援団になってもらえると確信しています。

そうなることによって、各国のマスコミがこぞって「共生日本《ともいきにっぽん》ゲートウェイ成田」プロジェクトに強い関心を抱き、多くの各国企業が押し寄せてくることになると思うのです。

全世界の消費者をターゲットに200兆円の取引額を目指すプロジェクト

さて、「共生日本《ともいきにっぽん》ゲートウェイ成田」の概要を紹介する4つめとして、日本の優れた商材を海外と繋ぐB to B＆B to C国際インターネット商品取引所があります。

国際インターネット商品取引所は、いわば楽天やアリババ、アマゾンのようなインターネットによる商品取引のプラットフォームとなります。

楽天やアリババとの違いはその戦略性にあり、内需である国内需要よりは、むしろ日本をバックグランドとして外需をにらみ、日本の優良な産品を全世界のユーザーに直接つなぎ、販売し配送するという戦略的なコンセプトであると言えます。こだわりのある、世界基準でかんがみて優位性の高い、日本独自の商品ラインナップを目指すところにあるのです。

さて、日本初の全国47都道府県特産品市場や日本伝統工芸品工房店舗街が完成し、そこに国内外から買い物客が来場し、商いでにぎわっている情景を思い浮かべてみてください。

来場して商品を購入されたお客様たちは、持ち帰ったモノが優れていて、使って良さを実感すれば、その経験からリピーターとなります。もちろん再び来場して購入される方も多いと思いますが、多くのお客様は一度現場でリアルに買い物をした経験があるわけですから、時間とお金をかけて飛行機に乗って来場されなくても、「共生日《ともいきにっ》本《ぽん》ゲートウェイ成田」のショッピングモールにネット上の通販サイトがあれば、世界中のどこからでも自由に買い物が楽しめることになります。

また、ファンになったユーザーたちが、あらゆる場面でその国で情報を広めていくことにもなり、おのずと口コミなどで世界的に広がりを見せることになると考えています。それは、**インターネット上のバーチャルな日本専門の商品市場となり、日本の優良産品を企業や業種・商店の枠を超えて大規模に世界に販売するショッピングモールであり、インターネット上のプラットフォームとなります。**

先にも紹介したように、中国のアリババ集団のプラットフォームでの年間取引額は１００兆円超という膨大な規模ですから、オール日本で国民を挙げて47都道府県１７００市町村の参加者がみんなで力を合わせれば、**全世界の消費者をターゲットに、中国だけではなくその10倍以上の市場の中で、１００兆円や２００兆円の取引額を目指すことも夢ではありません。**

アリババ、アマゾン、楽天の取引金額

国際的なマーケットでの流通取引総額は 100 兆円規模

流通取引総額

約107兆円	約74兆7100億円	約3兆8500億円
アリババ	アマゾン	楽天
2019年4月～2020年3月	2019年	2019年

参考：東洋経済オンライン、Coin Desk Japan、EC のミカタ
※一部金額は推定

ところで、ＢtoＢ&ＢtoＣ取引とはどういうことか説明しますと、ＢtoＢ取引とは企業と企業の取引を意味し、企業や業者間で行われる取引です。それに対しＢtoＣ取引は、企業や業者と一般消費者である主に個人ユーザーとの取引を意味します。

その違いについて、ＢtoＣ取引は、すでに皆さんが楽天やアマゾンで買い物の経験があると思いますので説明は特に必要ないと思いますが、ＢtoＢ取引については、その性質上、おのずと取引量、取引金額が大きくなり、決済手段や決済方法を商業取引として専門的に整備する必要が生じます。

わかりやすい例でいえば、先に紹介した、地域農産品を加工した優良な食品があるとしましょう。ある国の、デパートなどの商業店舗を展開する事業者が、プラットフォーム内のＢtoＢサイトを通じて、ネット上でこの商品を大量に注文してくるとします。企業などの業者ですから、一般消費者と違って大量の注文をしてくることが考えられるのです。

それに対して、売り手の業者もそのニーズに対応し、大口注文による割引での取引に応じることも多々生じることになるでしょう。取引金額も物量も大きくなるとともに、諸々の条件交渉などの商談が必要となるわけです。そこで、「共生日本《ともいきにっぽん》ゲートウェイ成田」内の海外展開支援センターを通じて事前に商談を申し込み、売り値に対して7割などの掛け目（割引）を入れた取引価格や支払い条件、輸送料の負担等の諸条件を話し合い、合意を経て調印した上で取引を行うことになります。

このように海外展開支援センターでは、諸外国に向けた翻訳・通訳・取引相手の調査や取引全般のコンサルティングなどの各種サービスを行い、取引が円滑且つ迅速に進められるように支援する予定です。

また、食品だけではなく、常設の国際展示場やネット上のバーチャル展示場に展示してある部品・素材・原料・製品などの工業用商材から、マンガ・アニメ・書籍・映画・動画などのコンテンツに至るまで、同様に取引が円滑に進められ、**日本のあらゆる産業の優位性のある商材が、インターネットを通じて全世界に直接販売できるネットワークが確立される**ことになります。

そしてその市場規模は、**GDPベースで日本の20倍、1京《けい》円（1兆円の1万倍）超の大規模な市場**となると期待できます。その5％を獲得するだけで、日本のGDPを、これまでの倍である1000兆円規模に押し上げられる可能性が広がっていることになります。

「共生日本《ともいきにっぽん》ゲートウェイ成田」が、外需を獲得する呼び水となり、国民所得と企業所得を倍増させるプロジェクトである根拠は、まさにここにあると言えるのです。

世界のマネーを成田に集約させる

「共生日本《ともいきにっぽん》ゲートウェイ成田」が持つ主な機能の5つめとして、**海外進出支援ファンド&STO上場市場（セキュリティトークンオファリング）国際金融センター構想**を掲げています。

これは、世界のマネーを成田に集約させる、「共生日本《ともいきにっぽん》ゲートウェイ成田」プロジェクトの金融戦略的構想の説明という位置づけになります。

世界の金融市場は、外国為替、現金貸借、証券、公社債……などの市場に分類されますが、私が狙っているイメージは、従来型の市場ではなく、ブロックチェーンなどのIT及び電子テクノロジーに基づく新しいデジタル金融市場です。なかでもSTOとデジタル証券取引所は、ぜひとも「共生日本《ともいきにっぽん》ゲートウェイ成田」に誘致したいと考えています。

その戦略的構想は、**日本がリードする「国際デジタル有価証券取引所」の整備と世界に開かれたSTOの巨大市場整備**です。

皆さんも、仮想通貨や暗号通貨、ICOやビットコインといった名称は聞いたことがある方も多いと思います。これらはいわゆるデジタル通貨と呼ばれているものですが、STOのSTは「セキュリティ・トークン」の略称で、セキュリティとは有価証券、わかりやすく言うと有価証券の電子化、デジタル有価証券というものになります。

理解を深めるために、もう少し分かりやすく用語を解説すると、株式公開で馴染みのあるIPOは、「Initial Public Offering（イニシャル・パブリック・オファリング）」の略称で、「新規公開株」や「新規上場株式」と表するのに対し、STOは「Security Token Offering（セキュリティ・トークン・オファリング）」の略称。「新規公開電子記録証券」や「新規上場電子記録証券」と呼ばれることになります。

ちなみにビットコインなどの仮想通貨のICOは、「Initial Coin Offering（イニシャル・コイン・オファリング）」の略称で、「新規仮想（電子）通貨公開」を意味します。

日本のSTOは、昨年5月に法案が成立され、今年5月1日付で施行されたばかりで、

「情報通信技術の進展に伴う金融取引の多様化に対応するための資金決済に関する法律等の一部を改正する法律」により、新たに「電子記録移転権利」と呼ばれる概念を指します。所有・配当・投資を目的として発行されるトークンとして金融商品取引法下の「証券」であると定義され、業界用語がまだ定まっていない全く新しい概念のトークンとなるものです。

中央左下がパトリック・バーン氏、その右隣が現代表のジョナサン・ジョンソン氏、中央上が著者。共生バンクグループ本社にて撮影

実は私は、ＳＴＯ法案が成立する以前の昨年２月、世界で初めてＳＴＯ市場の許認可を取得した米国ＯＶＥＲＳＴＯＣＫ社のＣＥＯで、ＳＴＯ子会社ｔＺＥＲＯ社のパトリック・バーン代表以下４名の役員を日本に招聘し、法整備を進める金融庁担当官たちとのミーティングの機会を作らせていただきました。そうした取り組みの延長で現在、ＳＴＯの市場整備と上場案件の準備を当社グループで

行っています。

STOは、従来の証券市場では実現できなかった365日24時間の取引や、同日中の即時決済処理が実現可能となり、世界各国の投資家が参入する可能性も高まります。


ブロックチェーン技術の特性を活かした新たな資金調達手法の登場は、金融ビジネスを中心に世界経済そのものに大変革を与え、企業の資金調達のみならず、地域社会における公共性と社会性の高いプロジェクトの資金調達等、地域社会の活性化にも貢献していく可能性を秘めています。改正法令が施行され、より多くのビジネス機会が訪れることは間違いありません。


ここで、ブロックチェーン技術の特徴について触れておきます。

本書では、国民所得向上と国の借金返済の戦略と具体的な方法について説明することに主眼を置いていますので、詳しい内容については「共生《ともいき》主義の国家経営論」などの別の機会で述べたいと思いますが、実はこのブロックチェーン技術の応用範囲は、国の運営面において多種多様な応用範囲がある極めて有用性の高い技術なのです。

その応用範囲とは、戸籍・住民票・法人登記・不動産登記・行政会計・企業会計・

世界の仮想通貨の市場規模と時価総額ランキング

仮想通貨の時価総額はさらなる増大をみせている

	銘柄	時価総額
1位	ビットコイン (BTC)	約25兆2700億円
2位	イーサリアム (ETH)	約4兆8100億円
3位	テザー (USDT)	約1兆7100億円
4位	リップル (XRP)	約1兆1900億円
5位	ビットコインキャッシュ (BCH)	約5200億円

2020年10月26日

納税・選挙投票・医療健康管理など、幅広い範囲で応用が効き、どの分野でも運営上の質が向上すると同時にコスト削減が大幅に図れる有益な技術となります。

このブロックチェーン技術の特徴は次の3つです。

①透明性

ブロックチェーン技術は従来型の中央機関やサーバ管理者を持つような中央集権型のシステム構造ではなく、分散型台帳技術と呼ばれる分権型のシステム構造となっており、全ての参加者が同じ情報を共有・活用する仕組みです。そのため取引履歴を改ざんすることが難しくなり、サイバーセキュリティ攻撃に対して堅強なシステムとなります。したがって、金融商品取引システム等の高い信頼性を要求されるシステムでは、非常に親和性が高いと言えます。

②信頼性

前述の通り、全ての参加者が同じ情報を共有する仕組みであるため、一部のノード（コンピューター）が故障しても、他の参加者のノードが稼働することによって処理を継続することが可能です。また障害の発生したノードを復旧させた際も、最新の情報を共有する仕組みであるため、信頼性の高いシステムが構築できます。

③効率性

ブロックチェーンでは、契約を自動実行するスマートコントラクトという機能を実装できます。ブロックチェーン上に構築されたプラットフォームでは、スマートコントラクトを活用することで株式の配当の支払いや議決権の行使、債券の利払い等の権利行使機能を実装することが可能になります。

従来のシステムでこれらの機能を実装する場合にはアプリケーションサーバが必要となりますが、スマートコントラクトで補完できる場合には不要となり、システム基盤コストの削減が可能です。また、人手によるオペレーションを自動化することにもつながるため運用コストの大幅削減も期待されます。

先立つものはカネ、中小企業のカネの調達と出口を確保するプロジェクト

「共生日本《ともいきにっぽん》ゲートウェイ成田」の海外展開支援センターでは、その名の通り中小企業の海外展開を支援していきますが、海外展開にも様々な方法があります。

これまで海外進出と言えば多くの場合、対象国に拠点を設けて駐在員を置き、時間をかけてその国の法律、税制、商慣習、マーケット分析、提携企業の発掘等を行い、時間とカネを使ってパワーの必要な市場開拓を行ってきました。

ですから海外進出の多くは大企業が行うことが多く、中小零細企業は海外に進出する機会がそう多くありませんでした。前述しましたが、420万の日本企業数のわずか0・77%、1%に満たない企業しか海外進出を果たせていないという現実があります。

この状況を打破するために採るべき必要な戦略と戦術は、先に述べた通り相手国のマーケットを持つパートナー企業と手を結ぶことにあります。ここで1つ大事なことは、相手方の対象国のパートナー企業が望むことは、**日本のパートナー企業が優位性のある商材を持っているかどうか**です。その商材が優位な価値を持っていればいるほど、相手はそれを欲し、商談も日本企業が有利に運ぶことになります。

つまり**戦略とは、1つの商材において相手国との優位差を利用して、高位からパイプ（パートナー）を通して商材を流す（売る）ことであり、戦術とは、営業部門や販売代理店等の販売部門を持たずに、相手国のパートナーに責任を持たせ、予算と営業**

体制を負担させて販路拡大と売り上げを上げて行く方策を採ることにあります。

この方策を採ることによって、日本企業は時間を短縮した上、海外進出の負担も少なく、自らの商材を海外で販売できることになります。

また、優位性の高い商材、たとえば世界特許を取得しているような商材では、相手方企業から特許使用権や販売権などの資金をもらって展開できる可能性もあり、ますます有利な展開が可能となるのです。

しかし、420万社のうち、多くの日本企業がこうした有利性の高い取引ができるわけでもなく、その多くは、商材の優位性の程度によって、やはりある程度の予算が必要になることが多いでしょう。

具体的な例としては、自社が有する商材が相手側に認められたものの、その商材を大量に生産しなければ採算ベースに乗らない……といった場合。相手方と協議の上で、日本国内で生産ラインを強化するなど、設備投資を行って生産量を増やして需要を満たすか、対象国で現地生産を行わなければならない、といったケースです。

これらの場合、日本国内に生産工場などの設備投資を行うにしても、対象国においいて設備投資を行うにしても、いずれにせよ大きな予算が必要となります。その予算額は少なくても数億円、多くて数十億円から数百億円の規模になるでしょう。

問題は、こうした予算を日本の中小企業が拠出できるかどうかです。

これらのケースで日本の多くの中小企業の実情（ふところ事情）を察した場合、ほとんどの企業が資金を持ち合わせておらず、銀行などに相談してもそう簡単に調達できるはずもありません。（日本企業においてこうした取り組みの成功事例が数多く出てきた後は、スムーズに調達できるようになるでしょうが、10年ぐらい先の話になるでしょう）

まさに先立つものはカネ。日本の多くの中小企業の海外展開を支援するためには、先に述べたコンサルティングによる支援だけではなく、カネの支援が必要不可欠という結論に至ります。

そこで「共生日本《ともいきにっぽん》ゲートウェイ成田」プロジェクトでは、**日本企業の海外展開を支援するための「海外展開支援ファンド」の創設を準備しており、オープン時には3000億円規模の基金からスタートし、5年後には数兆円の規模まで基金の規模を**

拡大する計画を立てています。

また前述したように、リアル&バーチャル国際展示場に展示する商材の募集は先行して始めることになりますので、同展示への参加企業の海外展開コンサルティングを提供すると同時に、海外展開の資金の調達も行い、投資としての成功事例の実績を今から積み上げることができます。

ところで、ファンドには出口が付きものです。どういうことかと言えば、ファンドはその投資基準や諸規定によって、投資の目論見が定められており、その目論見には必ず償還時期と期待利回り（期待利益）が決められ、投資した資金の出口（回収）の時期とキャピタルゲインなどの利益目標が先にあるということになります。つまり、ファンドを組成するためには、投資した資金の出口戦略と回収計画が先にあり、投資先の企業のビジネスプランと資本政策が必須ということになるわけです。

そこで私は、ファンドの資金の出口戦略の一環として、先に紹介したSTOやデジタル有価証券取引所が功を奏すと考えており、それ以外にも国内外の既存のIPOや上場株式市場を含み、各企業と案件ごとにしっかりとした事業計画と資本政策及び出口を準備して、日本の中小企業が海外展開で大きく発展できる金融の仕組みを整備する所存です。

6つめとして、先進・革新・独創的技術事業化&産業化支援事業

日本が世界を変えていくためには、日本初の先進的で独創的な発明や発見を裏付けとする、革新的な技術やビジネスモデルが必要です。その技術が世に出ると「生活が変わる」「社会が変わる」「国が変わる」というほどの革新性があるものです。

具体的には、電気代が水道代のようにタダ同然の格安になる〈エネルギー革新〉や、通信費が何分の一に減る〈通信革新〉、農業の生産量が倍増する〈農業革新〉や、廃プラスチックゴミを処理すると食べられる〈環境革新〉、質が衰えず生鮮食品や加工食品の賞味期限が長期化する〈流通革新〉、自動車やバッグや家具の色を一瞬で変えられる〈カラーリング革命〉といった、世界を変えていくようなものすごい技術が日本には眠っているのです。

こうした技術の詳細は第5章で紹介しますが、私は現代の日本には、もっとすごい

人がたくさんいて、その物凄い人たちが物凄い技術を持っていたり、発見したりして世の中を変えていくことができると常々考えてきました。

前述したように、私は「日本には世界を変える、世界を救うだけの実力がある」と、勝手ながら信じ、想い込んでおり、そこにおいては自信と確信と誇りを持っています。

読者の皆さんから、「妄想ではないか?」「根拠はあるのか?」と問われそうですが、実は根深い根拠があります。その根拠についてはまた別の書籍の機会に述べたいと思いますが、日本の政府機関の研究者や全国の大学の研究者たち、民間企業の研究者、技術者も含めて、私たち日本には世界を変え得る潜在的な技術群が眠っているのです。

ところで、そうした技術を事業化したり産業化したりするには何が必要でしょうか?

その必要を埋めるに足る能力は、経営力に他なりません。なぜでしょうか?

それは、いかにすごい革新的技術があっても、それを世に出していくことができなければ意味を成さないからです。つまり、**実際に世の中で展開していくための、しっかりとした事業計画が不可欠**なのです。

事業計画とはすなわちビジネスプランのことで、このビジネスプランを立案し、人・モノ・カネ・情報・時間をマネジメントして、実現し達成することが、経営です。

では、技術者に経営力を求めたらどうでしょうか？　残念ながら、往々にして難しいところがあります。技術者は研究開発の専門家で、実業や経営の専門家ではないからです。

そこで、私は「共生日本《ともいきにっぽん》ゲートウェイ成田」において、全国からこうした潜在的な隠れたすごい技術を集めて、それを事業化し、産業化を図るプロジェクトを立ち上げようと考えています。

産業をよく10段階で表現することがありますが、0～1の段階は、無から有を産む、またビジネスの種をつくる段階で、研究開発者の専門領域と言えます。1～3の段階は、種を植えをして根が生えて葉が生えてくる段階で、事業でいうと実証や実装試験を踏んでいる段階です。3～5は製品化して大量生産する前の段階、そして5～10は生産販売が始まり、市場拡大が進み事業として成功している段階になります。

これまで、多くの新規性のある技術やビジネスモデルを見てきましたが、0～1の段階や1～3の段階の案件が多く、しっかりと育ててあげないと植物のように枯れてしまったり、成長できない案件がたくさんありました。また0〜1の段階では、その技術の生かし方、活用の分野や応用の分野などが的はずれで、立ち上がれない案件もありました。

このように、0〜3の段階は人間で例えると、よちよち歩きの赤ちゃんや幼児保育の段階で、ビジネスの全容が分かる、しっかりとした「親」が守って育ててあげる必要があるのです。

「共生日本《ともいきにっぽん》ゲートウェイ成田」の国際展示場において展示する企業の多くは、日本国内においてすでに3〜5の段階や5〜10の段階をクリアしている企業が多いと思いますが、私はその前の段階の革新的で有望な技術を持つ技術者や企業を集めて、事業として育成するお手伝いをしたいと考えています。**2〜3年をかけて事業化を図った上で、国内と世界における展開を同時に行うプロジェクトを立ち上げ、そこからあらゆる分野の日本初の産業を興していく**という夢を持っています。

本書を読まれ、共感を得られた読者の方々の中で、政府機関の研究者、大学や民間の研究者、またそうした方々に関係する知人や友人の皆様からの情報提供などのご協力で、革新技術や企業との良きご縁が生まれることを願ってやみません。

日本のマンガ・アニメ・文化・芸術・芸能に携わるクリエーター&アーティストの人才育成事業 ~マンガ・アニメの外需獲得規模はすでに10兆円を超える産業に発展している

「共生日本《ともいきにっぽん》ゲートウェイ成田」プロジェクトは、日本の優良な商品・サービスを世界に発信し、外需を獲得するプロジェクトですが、商品・サービスの中で、日本が世界に誇るもの、より戦略的なものは何か？ マーケティング面で、その中心となり得る、より訴求力と影響力のあるものは何か？ 私は、その答えをこれまで6年の歳月を掛けてずっと考えてきました。

そして今年に入り、各種の専門家の方々を動員して、数十回に及ぶ会議を重ねて導き出した答えが「日本の文化」、なかでも中心になるのが、「マンガとアニメの文化」という結果でした。この日本のマンガとアニメに関する支援が、「共生日本《ともいきにっぽん》ゲートウェイ成田」の7つめの役割です。

マンガ・アニメは、日本を代表する文化でありビジネスといえるもので、世界各国に多くのファンが存在しています。また、日本のアニメは近年世界的に非常に高い評価を受け、今日では日本経済を支えるほどの大きな産業に発展しました。

2019年度版(2018年実績)の日本動画協会のアニメ産業レポートによると、日本のアニメ産業全体の海外売上はついに1兆円を超えました。

また、インバウンド消費でアニメ由来の消費の額を試算したデータによると、2019年のアニメ由来のインバウンド消費が4兆円超。アフターコロナ後に、市場が回復して4000万人、5000万人とインバウンド客が増え続ければ、その消費規模は6兆円、7兆5000億円と増え続けることになり、海外売り上げを全て加えると、その外需産業規模は10兆円を超える見通しとなっています。

私がマンガ・アニメに主眼を置いたもう1つの理由は、マンガ・アニメを通じて日本の文化を好きになる外国人がとても多いということです。

世界で売れているマンガの発行部数ランキング

アニメとともにマンガも世界では莫大な売上を誇る

	作品名	発行部数
1位	ONE PIECE	4億7000万部
2位	ゴルゴ13	2億8000万部
3位	ドラゴンボール	2億6000万部
4位	NARUTO -ナルト-	2億5000万部
5位	名探偵コナン	2億3000万部

漫画全巻ドットコム調べ

アニメ聖地巡礼から始まり、グルメや温泉、神社・仏閣、観光地巡り、伝統芸能や伝統工芸、武道や稽古ごと、そしてゲーム、音楽など、枚挙にいとまが無いほどに、数多くの日本文化を好きになる外国人であふれています。

日本文化を好きになるということは、日本人が好きになり、日本の商品・サービスが好きになるという流れを生み、その訴求力は日本の全ての商材の販路拡大をもたらすという戦略性に直結します。

そして大事な視点は、人気が高くてわかりやすく、影響力と訴求力のあるマンガ・アニメを通じて、さらに日本と日本の商材をアピールすることができる点にあります。マンガ・アニメを通じて日本の産業全体を世界に売り込むことがいっそう可能となるわけです。

マンガ・アニメの世界戦略拠点、アニメバレーたる「共生日本《ともいきにっぽん》ゲートウェイ成田」

少し考えてみましょう。マンガやアニメの題材はスポーツ・芸能・観光地・グルメ・

科学技術・工業・化学・医療・農林水産業など、あらゆる産業におよびます。

つまり、あらゆる日本の地域と産業の商材をテーマに、世界にアピールする戦略的ツールとしてマンガ・アニメを使えば、日本の産業を上手に世界に広げることができるのです。これはまったく新しい戦略的発想です。

こうした魅力的な業界ですが、一方でアニメ業界に問題も生じています。この数年中国が政府の後押しもあって急速にアニメ制作と興行に力を入れており、日本を含む海外からのアニメ作品の上映を規制する政策を進めています。中国が国を挙げてアニメ産業育成に注力した結果、日本のアニメ制作会社が中国企業の下請けとなってしまい、中国のアニメ生産工場と化している実態があるのです。こうした事態を放置しておくと、日本は中国の戦略にはまってマンガ・アニメ業界の本来の力を削がれることに成りかねず、ゆゆしき事態となっているのです。

こうした背景もあり、私は今こそ日本が誇るマンガ・アニメについて、日本の産業全体が世界戦略を展開し、外需を獲得するための武器として活用すべき時であると考えています。

そのためには、**「共生日本《ともいきにっぽん》ゲートウェイ成田」が日本のアニメ産業の世界戦略拠点**

となり、マンガ家、脚本家、プロデューサー、クリエーター&アーティストなどの人才集積と育成、アニメ制作会社やアニメ関連企業、金融サービス企業等の集積地として発展していく必要があるのです。

それと同時に、日本のマンガ・アニメに関心を持つ世界中の企業や人才の集積地として、米国のシリコンバレーのようなマンガ・アニメの世界産業拠点となること。シリコンバレーならぬアニメバレーたる、「アニメ共生日本《ともいきにっぽん》ゲートウェイ成田」の創造を実現していきたいと考えています。

いつかは泊まってみたい街「共生日本《ともいきにっぽん》ゲートウェイ成田」

現在の成田は、市内に約7000ルームのホテルや旅館の部屋がありますが、残念なことに泊まってみたいほどの魅力ある夜の観光資源が乏しく、現在は空港から素通りして東京に行ってしまうか、東京に泊まって翌日空港へ直行してしまう観光客が多いようです。これが、今の成田の課題と言えます。

けれども、「共生日本《ともいきにっぽん》ゲートウェイ成田」がオープンすると話はまったく違ってきます。それは、「いつかは泊まってみたい！」と思えるほどの街づくりに力を注いでいくからに他なりません。そのポイントとして、エンターテイメント性が重要なカギとなります。

　プロジェクトの８つめの概要として、**アニメミュージアム＆総合イベント、各種音楽イベント、各種文化イベント、eスポーツなどの複合的エンターテイメント事業を充実させる**、という点があります。

「湯屋」モデルの１つとされている山形県の銀山温泉

　前述しましたが、現在「共生《ともいき》日本《にっぽん》ゲートウェイ成田」はアニメベース、アニメ次元というコンセプトで街づくりを行っており、そのデザインの方向はレトロモダンな街とレトロフューチャーな街とアニメチックな街の融合です。

　たとえばレトロモダンな街並みの中において、宮崎アニメで有名な『千と千尋の神隠し』に登場する

筆者が投資して麻布十番で行っていたセーラームーン2．5次元ミュージカル

「湯屋」があって実際に銭湯として入浴できたり、世界的に人気の忍者アニメ『NARUTO - ナルト -』の「ラーメン一楽」をグルメ街のラーメン横丁で実際に食べることができるなど、多くの楽しみがあります。

街並みの中で自然に溶け込むようにアニメに登場する建物群を配置することによって、リアルな商業施設に非日常的な情緒が醸し出される空間が体験できる場となるわけです。

さらに建物や街並みデザインだけではなく、人気アニメコンテンツによる2・5次

「Fate/Grand Order」のコスプレは海外でも人気

元ミュージカルを、述べ3000人収容の3つの劇場で3コンテンツ同時上演する企画や、演劇のスタッフたちが上演の合間に街に登場して劇場の雰囲気さながら街を盛り上げる演出などを企画しています。

また、「共生《ともいき》日本《にっぽん》ゲートウェイ成田」では毎年数十万人規模のコスプレイヤー達が集まるイベントを行う予定ですが、**コスプレイヤーの、コスプレイヤーによる、コスプレイヤーのためのファッション横丁**を設置し、全世界のコスプレイヤーたちが常時集まる場としても人気を博したいと考えています。

世界初、人気アニメとコラボした「リアルＲＰＧゲーム」

三重県伊勢市に、夫婦岩で有名な二見浦という名所があり、ここにはその昔、天孫降臨の折に稲穂をもって高千穂に降り立った皇祖「瓊瓊杵尊《ににぎのみこと》」を案内した「猿田彦大神《さるたひこのおおかみ》」が鎮座していた音無山という山があります。

後の世に、第十代「崇神《すじん》天皇」の皇女「豊鍬入姫《とよすきいりひめ》」の後を継ぎ、第十一代「垂仁《すいにん》天皇」の皇女である「倭姫《やまとひめ》」が、大和の「笠縫邑《かさぬいむら》（現在の奈良県）」から三種の神器と共に、皇祖神「天照大御神《あまてらすおおみかみ》」が示される遷座地へと巡幸されて参られたのがこの音無山です。伊勢神宮の正式な参拝ルートの始まりとなっている、由緒正しき霊験あらたかな霊山なのです。

この音無山に不敬にも織田信長が築城し、「本能寺の変」の後に築城後わずか3年余りで焼失した幻の城「安土城」が原寸大で築城され、城下街含む10万坪の敷地で様々なアトラクションを楽しめる、総工費３００億円の戦国テーマパークがありました。

私は2016年にこのテーマパークを買収し、皇祖神「天照大御神」に敬拝を捧げると共に、3年の年月を掛けて大改装を行い、**「伊勢忍者キングダム」**として様々な商品提供やサービスを新たにスタートさせました。

日本一の忍者テーマパーク、こだわりのグルメ店の数々の開発、温泉施設、演劇のバージョンアップ、国内外からの参加者によるガチ甲冑合戦イベント、乗馬、西日本最大のツリートレッキング「忍者森のアドベンチャー」など、その全ては**「共生日本《ともいきにっぽん》ゲートウェイ成田」プロジェクトを成功裡に導くための、事前の商品・サービスの開発と実践**でした。

そして、その甲斐もあって、日本マーケティングリサーチ機構が2019年に行った「日本一のテーマパーク」において、「コスプレテーマパーク・忍者テーマパーク・食事が美味しいテーマパーク」の3部門で1位に選ばれました。

ちなみに、このテーマパーク「伊勢忍者キングダム」の運営母体の会社の名称は、「みんなで伊勢を良くし本気で日本と世界を変える人達が集まる株式会社」に社名変更されており、社員はじめパート・アルバイトに至るまで、伊勢から日本と世界を変えようという熱い志に燃えている仲間が集まっています。

外国人も参加する『ガチ甲冑合戦』

ところで、この「伊勢忍者キングダム」で2019年から準備を行い、2020年3月20日から始まった、世界初と言っても過言ではない全く新しいエンターテイメントの「リアルRPG『忍者大戦争〜蛙と蛇と旅人と〜』」を紹介します。

主人公はお客様で、物語はさらわれた妹を探し出す旅に出る所から始まる、リアルな体験型の新しいロールプレイングゲーム（略称：RPG）です。リアルとは現実と体現、ロールプレイングゲームとは、参加者が各自に割り当てられたキャラクターを操作し、一般にはお互いに協力し合い、架空の状況下にて与えられる試練（冒険、難題、探索、戦闘等）を乗り越えて目的の達成を目指すゲームです。そして、ロールプレイングとは、「想像上のある役柄を演じること」「自分が決してなることができない何者かを演じること」になります。

つまり、リアルRPGとは、ゲームの物語（ストーリー）を中心に、客である自分が想像上のある役柄をリアルに演じ、リアルな場所と空間（街）で仲間と協力し合い、試練（冒険、難題、探索、戦闘等）を乗り越えて目的の達成を目指すゲームというわけです。

この場合、営業者側のスタッフ（プロの役者・芸人）は同様に、ストーリーに則って想像上のある役柄をリアルに演じ、主人公であるお客様を助けたり、ヒントを与えたり、目的を達成（クリア）出来ないように阻止したりするゲームとなります。

従来RPGのゲームは、『ドラゴンクエスト』や『ファイナルファンタジー』、『ゼルダの伝説』などのコンピュータゲームが定番ですが、私が開発したリアルRPGのゲームは、コンピュータの物語の世界を街中でリアルに体現し、コンピュータのキャラクターを、お客様もスタッフも共にリアルに演じるという形のクオリティの高い体

伊勢忍者キングダム＞体験・遊び＞リアルRPG

新イベント！リアルＲＰＧ『忍者大戦争～蛙と蛇と旅人と～』

主人公はあなた！物語はさらわれた妹を探し出す旅に出る所から始まります。

①まずは情報屋にて情報収集。伊勢忍者キングダムの見どころや、リアルRPGの説明を受ける。お客様は『旅人』として、さらわれた妹〝いつ〟を探し出す旅に出る。

②キングダムの住人『街人』に聞きこみをし、ヒントとなる手がかりを探す。

伊勢忍者キングダム＞体験・遊び＞リアルRPG

新イベント！リアルＲＰＧ『忍者大戦争～蛙と蛇と旅人と～』

③手がかりをつなぎ合わせると、ある場所が浮かび上がってきた。
そこは、脱出困難な迷い屋敷で、たくさんの見張りたちが鉄壁の守りを固めていた。

④迷い屋敷を脱出し再び聞きこみを進めていくと、数々の謎と試練、戦いが待ち受けていた。

これら全てに勝利し、さらわれた妹〝いつ〟を無事に助け出すことができるか。

城下の情報屋からの
耳寄り情報

一度、敵に負けてしまったらそこでこの旅は終了!?
噂によると、蘇れる方法があるんだとかないんだとか…。

また、戦いを有利にスムーズに進めるために、武器や奥義を購入するのも攻略のカギとなる。

戦いや挑戦の途中で、経験値を上げるため『街人』と勝負をする。経験値を上げてレベルアップすると、伊勢忍者キングダムで流通している『ともいき通

体験型リアルＲＰＧ『忍者大戦争～蛙と蛇と旅人と～』

験型ＲＰＧゲームとなっています。そこに新規性と先進性があると言えます。

２０２０年は新型コロナの影響や長い休園日などもありましたが、10月時点で１万人を超える参加者に挑戦いただき、家族やグループで参加し、笑いあり涙ありと大変盛り上がっており、リピーター率も高く、集客効果のかなり高いアトラクションとなっています。

中国での巡回展も好評だった『ONE PIECE』

その中で、〝神アイデア〟として私が実行しようと思って準備しているのが、海外でも人気の高い、有名アニメコンテンツと、このリアルＲＰＧとのコラボレーションです。

たとえば、忍者では『NARUTO -ナルト-』、世界的な人気を博す『ONE PIECE』などとコラボできれば、爆発的な集客力を伴うキラーコンテンツとなることは間違いないでしょう。ちなみに『NARUTO -ナルト-』と『ONE PIECE』のコミッ

クラブ Ushuaia Ibiza（スペイン・イビサ島）収容人数 4000 人

クスは、世界でそれぞれ2億5000万部、4億7000万部を達成しており、影響力は抜群です。

ところで、先に成田宿泊の課題について述べましたが、宿泊を獲得するためには、夜の街の充実が要点です。具体的には、夜の飲食店街・エンターテイメント・イベント等……ということになります。

そこで「共生日本《ともいきにっぽん》ゲートウェイ成田」では、空港利用客の乗継ぎなどのトランジットのために一時的に入国するトラベラーの方や、夜中発着便で来られるお客様向けに、一部のエリアで24時間にわたって灯がともる街を目指しています。そこにあるのは、夜遅くまでにぎわいを見せる、各種グルメや飲み屋街の存在です。

各種劇場、伝統芸能、5000人収容のスタジアムで行われる各種音楽コンサート・

eスポーツ大会・各種大会、数万人規模の各種野外イベント&コンサートなどで楽しんだ人たちが夜のグルメ飲み屋街で舌鼓を打ち、夜中まで歓談に酔いしれ、楽しめる街をつくります。

その中に、外国人が好んで集まる場として、クラブがあります。夜、お酒を飲みながらダンスを踊るクラブのことですが、日本では700~800人ぐらいでも大きな施設である一方で、外国には数千人規模がざらにあり、中には1万人を収容できる大規模なクラブまで存在しています。有名なクラブにはタレントや俳優たちが集まり人気を博し、有名なDJがいるクラブは集客能力が高く、世界トップ10のクラスになると一晩で10万人を動員するとも言われています。

「共生日本《ともいきにっぽん》ゲートウェイ成田」には、収容人数3000人規模の高級クラブを設置し、常時外国人客でにぎわう街をつくると同時に、野外イベントで世界的に有名なDJを招いて、3万人から10万人規模のダンスコンサートを毎年行う計画です。

そして、この**クラブとアニメが融合したとき、アニメソングが弾む中で、世界のコスプレイヤーたちが集い踊る街が誕生する**日を夢見ています。

4章のまとめ

◆「共生日本《ともいきにっぽん》ゲートウェイ成田」は、国の資産形成を目的とした都市開発モデルであり、国内産業を活かした外需獲得と、日本企業の海外進出支援を目的とした一大プロジェクト。

◆都市開発を伴う不動産投資を行い、価値上昇後の売却益で収益を得るキャピタルゲインの考え方がベース。50兆円や60兆円の資産価値だった土地を、3000兆円や5000兆円の価値にしていくことが可能になる。

◆「共生日本《ともいきにっぽん》ゲートウェイ成田」に課されるのは、「国の借金をゼロにする」「外需を獲得して企業と国民所得を激増させる」という2つの大きな命題。

◆日本の空の玄関口・成田国際空港隣りの約13万7000坪の土地を購入し、「共生日本《ともいきにっぽん》ゲートウェイ成田」プロジェクトはすでにスタートした。

◆「共生日本《ともいきにっぽん》ゲートウェイ成田」の事業や目標・目的は大きく8つ。

①大規模不動産開発　②日本初の47都道府県の特産品が集まるショッピングモール&伝統工芸工房店舗街　③国際常設展示場&海外企業とのビジネスマッチングよる海外展開支援センター　④日本の優れた商材を海外と繋ぐBtoB&BtoC国際インターネット商品取引所　⑤海外進出支援ファンド&STO上場市場（セキュリティ・トークン・オファリング）国際金融センター構想　⑥先進・革新・独創的技術事業化&産業化支援事業　⑦日本のマンガ・アニメ・文化・芸術・芸能に携わるクリエーター&アーティストなどの人才育成事業　⑧アニメミュージアム&総合イベント、各種音楽イベント、各種文化イベント、eスポーツ等の複合的エンターテイメント事業

第5章

「共生日本《ともいきにっぽん》ゲートウェイ成田」が日本を救う！
～国民所得倍増プロジェクト～

成田が世界の人と物流の玄関になる

成田国際空港に隣接する、13万坪にもおよぶ広大な用地。その場所でスタートした「共生日本《ともいきにっぽん》ゲートウェイ成田」への期待感――。それは、成田という街に宿る、「世界の物流のポータル機能」としてのダイナミックなエネルギーを、より大きく胎動させることにほかなりません。

そのエネルギーを飛躍的に高めていくために、日本の企業、なかでも中小企業の世界展開を支援し、日本経済の発展的成長を促していくのが、「共生日本《ともいきにっぽん》ゲートウェイ成田」の果たすべき役割となります。

日本の経済社会の特色の1つとして、**中小企業が全企業数の99・7％を占める**という構図があります。つまり日本では、企業のほとんどが中小企業であるということ。とりわけ、従業員が5名以下の小規模事業者は日本の全企業数の9割弱を占め、日本国内の就業者数の約3分の2は中小企業が雇用しています。

日本の中小企業と大企業の比率

全企業数のうち実に99.7%を中小企業が占める

企業数(421.0万社)　　　　従業者数(4,013万人)

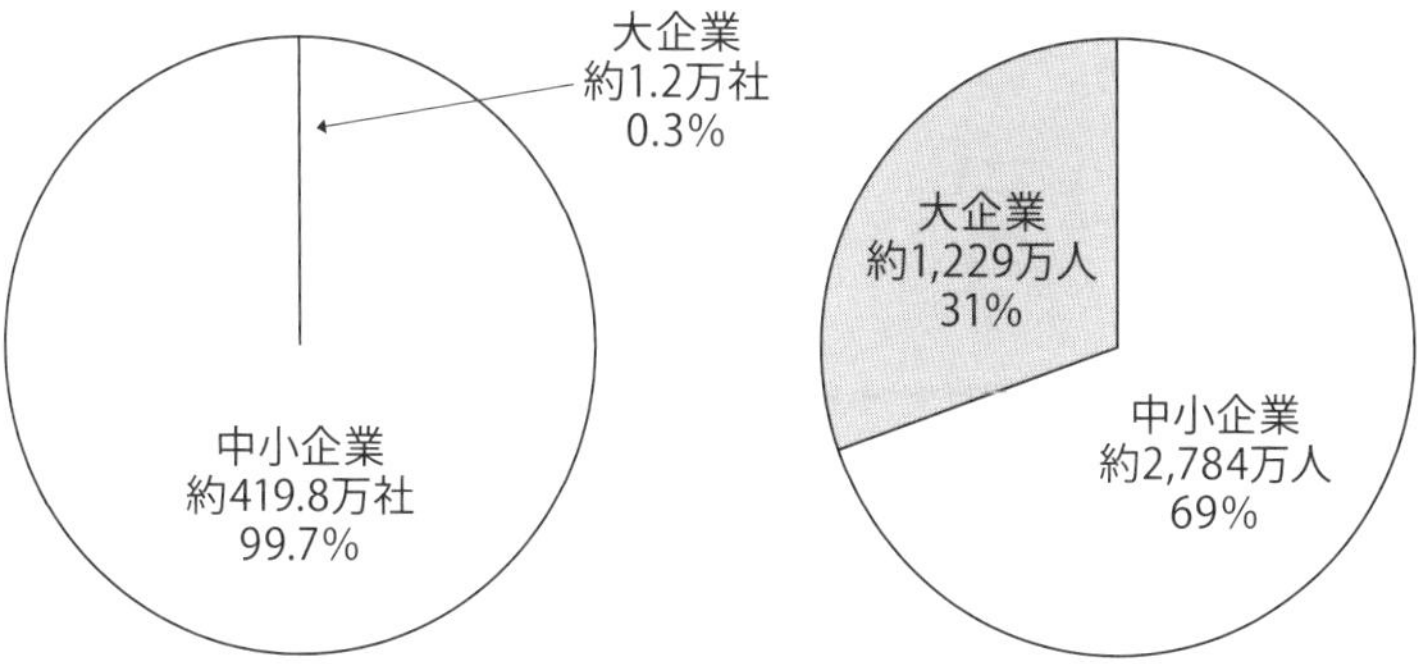

中小企業の定義
製造業:資本金3億円以下又は従業者数300人以下
卸売業:資本金1億円以下又は従業者数100人以下
小売業:資本金5千万円以下又は従業者数50人以下
サービス業:資本金5千万円以下又は従業者数100人以下

出典:中小企業庁

国が「中小企業庁」という中小企業の育成や発展を所掌する専門の省庁を設置していることを見ても、日本経済において中小企業が実に重要な位置を占めていることは疑いようもありません。日本経済の基盤を支え、いわば日本経済の主役ともいえる**中小企業・小規模事業者の成長を支援し、経済の持続的な発展につなげること**は、国にとっての重要なミッションでもあるわけです。

今回のコロナ禍で、特に4~6月期の中小企業の業績は総じて苦しいものになっているものの、この苦境を乗り切り、未来に向けての明るいビジョンを描くためにも、インパクトのある施策はおのずと重要です。コロナ後の日本に勇気と活力を与える「経済ビッグバン」が、強く求められる状況といえるのです。

本当の意味での「第4次産業革命」とは?

昨今、「第4次産業革命」という言葉が頻繁に聞かれるようになり、**ICTの発達によるIoTおよびビッグデータの活用、AIやロボットの開発推進等による新たな経済活動の推進**がその定義とされています。

第４次産業革命のインパクト

中小企業こそが第４次産業革命を担う

第1次産業革命　蒸気機関による工業化

↓

第2次産業革命　電力による大量生産

↓

第3次産業革命　情報通信技術革命

↓

第4次産業革命

＜コアとなる技術革新＞
・ビッグデータ、IoT
・AI、ロボット等

＜新サービスの例＞
1 データ活用によるカスタマイズ商品、保守点検、健康管理等
2 自動車、住居等のシェアリング
3 AIによる自動運転、資産運用等
4 IT活用による新たな金融サービス（フィンテック）

データの解析・利用による新たな付加価値	需要者と供給者の迅速なマッチング	クラウドによるデータ保管費用の低下	再生産の限界費用ゼロ（ネット上のコンテンツ）

需要面
1 新たな財・サービスの創出
2 価格低下のよる需要喚起
3 経済価値の把握が難しい個人満足度の上昇

生産面
1 需要予測やマッチングによる既存設備の稼働率向上
2 AI等による業務効率化

働き方
1 テレワークの普及
2 余暇時間を活用した労働
3 ハイスキルの仕事も一部がAIに代替

高齢者の生活
1 自動運転による配車
2 ウェアラブル端末による健康管理
3 見守りサービス

参考：内閣府

しかし、ICT・IoT・AI・シェアエコノミー・フィンテック等々、これらの働きだけが第4次産業革命に定義されるものではないと私は考えています。概してこれらは第3次産業革命の延長において、その中心的なテクノロジーである、コンピュータ・情報・電子・電磁技術の革命的なテクノロジーによってもたらされるものであり、生産性は飛躍的に向上するものの、産業全体を次段階に飛躍させるほどの革命性はないと思料しています。

もし第4次産業革命を謳《うた》うとすれば、第1次産業である農林水産畜産業の質と量の生産性を何倍や何十倍にも飛躍させる技術が確立するとか、原子や電子レベルで物質をコントロールし、全く次元の違う分子や物質を作り出す技術が確立すること、全ての産業の骨幹のエネルギーである発電において、kW／1円～数円程度のタダ同然のコストで供給できる技術を確立するなど、人類の抱える諸問題（食糧・エネルギー・環境・健康・格差・貧困等）を解決できる飛躍的で革新的な技術を必要としているのではないでしょうか？

私は、そうした**新たな産業革命を担う存在が世の中の「中小企業」であってこそ、**

本当の意味での「第4次産業革命」につながると考えています。

日本には、戦争に負けてすべてを失くしたにもかかわらず、自国を世界の一流国に押し上げた優れた技術力と、真摯で誠実な国民性があります。日本企業の全従業者数の約7割を占める中小企業のマンパワーこそ、これからの日本の経済を変えていく原動力になると考えるのです。

その中小企業が主役となり、「世界の人と物流のポータル機能」としての大きなポテンシャルを持つ「成田」で価値を生み出していくプロジェクト。成田に世界からたくさんのお金が落ちることで、日本経済の土台を担う中小企業の活性化につながり、社会に大きな脈動が生まれます。企業所得を倍増させ、さらに個人所得をも倍増させていく、持続的な経済の流れを創り出していくことができるのです。

これからの日本経済に必要な、大きな脈動――。その重要なキーワードとなるのが「外需」。つまり、「内需から外需への転換」です。

人口爆縮時代へと突入していく今、**国内の需要に期待する内需型から、海外での経済活動を促す外需獲得重視型への経済転換を、より明確にはかるべき。**その大きな流れを牽引していく起爆剤となり得るのが、「共生日本《ともいきにっぽん》ゲートウェイ成田」なのです。

「内需から外需への転換」

今後、日本国内の需要や消費は飛躍的に拡大していく……などと考える人は、おそらく信じられないほどの楽天家でしょう。**少子高齢化による人口爆縮が明らかないま、日本の国内需要が今後大きくシュリンク（縮小）していくことは、もはや確実な状況**です。

その反面、今後の発展が期待される、世界の国や地域はいくつかあります。日本に代わるような大きなマーケットが拡大していくエリアは、確かに存在するのです。

その筆頭が、アジアです。コロナ禍という不測の状況はありましたが、アジア地域のGDPは、2020年にはアジア以外の世界各国のGDP合計を追い抜き、2030年には世界の成長の約60％を占めるまでになる……との予測が成されていました。

日本を含めたアジアのGDPは合計約3000兆円。これは世界191カ国の約

33%にあたります（2018年）。そして、2024年には10年前の約2倍のGDPへと成長することが予測されているのです。

この巨大なマーケットに向かって、日本の企業はあらためて、あらゆる経済活動を活発に行っていく必要があります。まさに、内需から外需へ——。これまで本書の中で繰り返し唱えてきたように、外需への大きな脈動を創り出し、そのエネルギーを日本経済全体に行き渡らせる必要があると考えます。

こうした真新しい血液の循環を生み出し、全身に巡らせるポンプの役割を果たすのが「共生日本《ともいきにっぽん》ゲートウェイ成田」です。ゆくゆくは日本経済の心臓となって、国全体を支える存在になり得ると、私は確信しています。

「新型コロナウイルス」をどう考える？

「共生日本《ともいきにっぽん》ゲートウェイ成田」は、日本の中小企業、および大企業の一部が、外需獲得を強く推進していくための具体的なプランとして、6年前から開発を進めてきました。

開発の柱は、日本を代表する新たな観光資源と、日本の中小企業の世界進出を実現するための戦略拠点を、この成田の地に創り出すこと。街全体をテーマパーク化させるとともに、世界と直結したビジネスの新拠点となり、従来の都市にない未来型の価値創造を実現するエリアとして、日本経済の起爆剤とすることが目的です。

そこで、あらためて重要な位置付けとなるのが、インバウンド客の存在です。

成田国際空港は先述したように、2029年3月までに新たに第3滑走路（C滑走路）が建設され、既存のB滑走路が延伸される予定で、2030年には約6000万人のインバウンドを見込んでいます。ちなみに2019年のインバウンドの合計は約3188万2000人で、前年比2・2%の増加。JNTO（日本政府観光局）が統計を取り始めた1964年以降、最多を更新しています。

この**圧倒的な数のインバウンドを成田に呼び込み、持続的な消費が行われていく場所を創出すること**が狙いの1つなのです。

インバウンドの推移

2010年以降インバウンドは急激に上昇

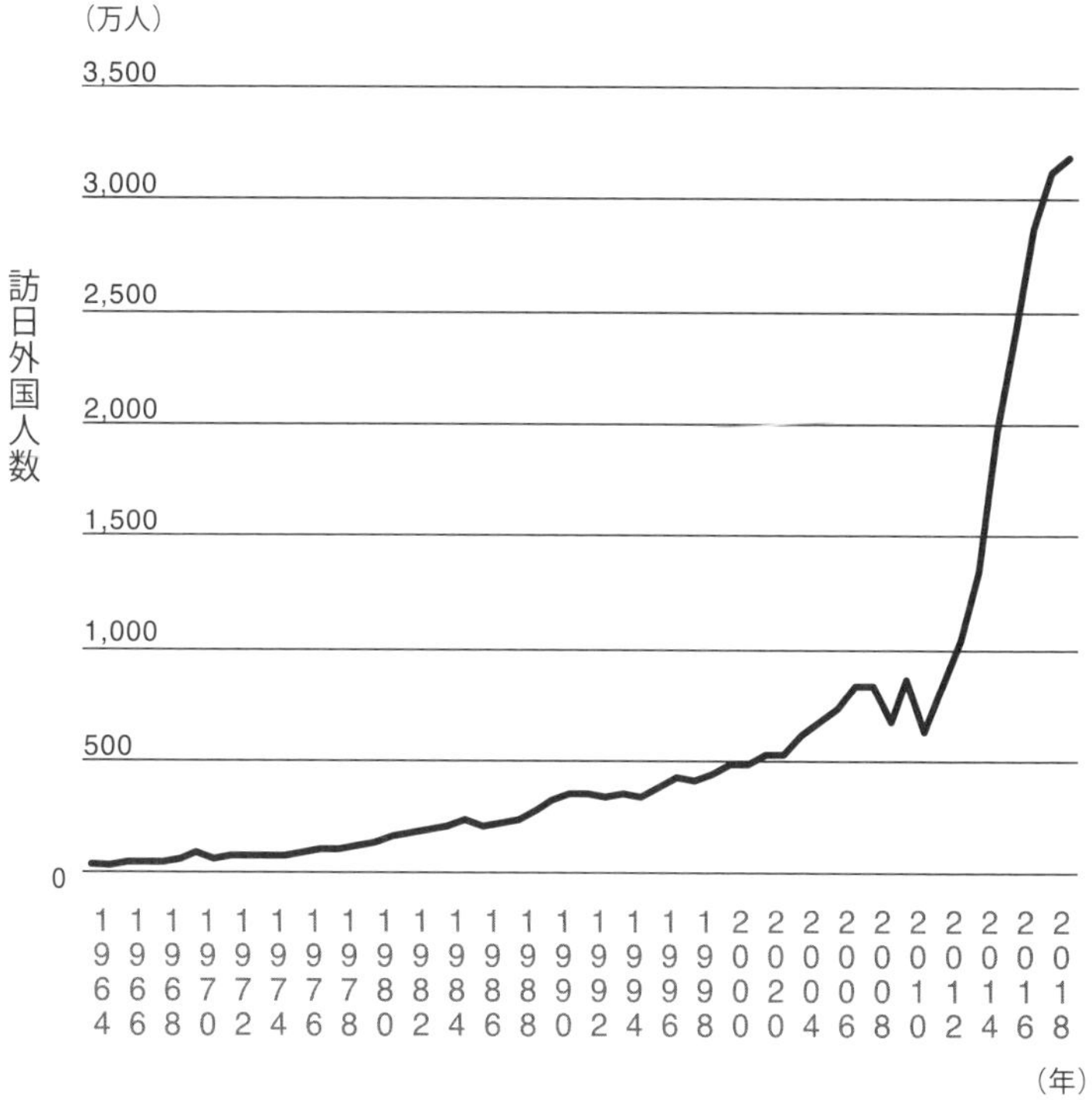

出典：日本政府観光局

こう書くと、多くの読者の方は、怪訝な顔をされるかもしれませんね。

言うまでもなく、2020年から世界で感染者を出し続ける、新型コロナウイルス感染症の問題です。

新型コロナウイルス感染症に関連して、観光客の移動の制限や入国禁止などの渡航制限が、世界のほぼすべての国と地域で為されました。当然ながら、観光業への影響は甚大で、IATA（国際航空運送協会）は、2020年の航空会社の旅客収入は前年比55％減にもおよぶだろうと予測しています。

もちろん、コロナ禍はわが国の観光業にも深刻な打撃を与え、4～7月の訪日外国人客は、前年同月比で99・9％減と、東日本大震災直後の落ち込みをはるかに超える過去最大の減少幅を示すことになりました。訪日外国人のインバウンド観光、日本人の国内観光ともに、かつてないほどの苦境に立たされています。

コロナ終息後はインバウンドが再び起爆剤となる

私たちが2014年から慎重かつ周到に準備を進めてきた、この「共生日本《ともいきにっぽん》ゲートウェイ成田」にとって、新型コロナウイルス感染症の世界流行はまさに不測の事態でしたし、まったく無視するわけにはいかないのも確かでしょう。

しかし一方で、プロジェクトへの影響について、それほど危惧していないのもまた事実なのです。

というのも、「共生日本《ともいきにっぽん》ゲートウェイ成田」の完成およびスタートは、2024年と4年先であること。また、ウイルスの無差別な世界的流行は、ワクチンの完成と流通等で遅くともあと2年ほどで終息するだろうと見込んでいます。

そして、コロナ後の世界においては、経済再生をはかるための大胆かつ大規模な施策が必ずや必要となります。

コロナ以前の経済状況に戻す**「リカバリー・コロナ」の方策の柱として、官民が一体となって、わが国のインバウンド需要を再建するためのプロモーションを強力に推進する必要がある**といえるのです。

実は、コロナ禍の真っただ中にあった2020年4月20日、政府は「新型コロナウイルス感染症緊急経済対策～国民の命と生活を守り抜き、経済再生へ～」の提言を閣議決定。その中で「次の段階としての官民を挙げた経済活動の回復」を掲げ、次のように述べています。

「感染症拡大の収束後の経済のV字回復のための反転攻勢を仕掛け、日本経済を一気呵成に安定的な成長軌道に戻す。このため、甚大な影響を受けている観光・運輸業、飲食業、イベント・エンターテインメント事業をターゲットに、官民を挙げたキャンペーンとして大規模な支援策を短期集中で展開することにより、消費を思い切って喚起し、地域の活力を取り戻す」

この中では、国内での観光客を取り込むための施策はもちろん、インバウンド需要をコロナ前の水準にまで戻すために、積極的な財政出動を行うことも示唆しています。

また、外国人の海外旅行経験者の声をみても、コロナの収束後、長期的に見ればインバウンドが戻ってくるとの期待は根強いものがあります。

日本政策投資銀行などが2020年6月に外国人の海外旅行経験者6266人に対して行ったアンケートでは、感染収束後に行きたい旅行先として、アジア居住者の56%が「日本」を挙げ、2位の韓国（30%）以下を大きく引き離す結果となったということです。

欧米とオーストラリアの居住者でも24％と、米国の28％に次ぐ僅差の2位という高い支持を得る結果になりました。

２０２０年にインバウンドを４０００万人まで増やすという政府の当初目標の達成は困難な状況ではありますが、政府は目標の撤回はしない方針で、来年以降の反転攻勢を目指す姿勢を示しています。

SARS《サーズ》やMERS《マーズ》で得た教訓

新型コロナは言うまでもなく、われわれ人類にとって未知のウイルスです。ただ、過去にもこうした新型ウイルスの出現はありました。

かつて、未知なる感染症が同じように現れ、収束したあと、国や都市はどのように観光や経済をテコ入れしていったのか。

そのことは、今回の新型コロナと同様に、当時新たな感染症として恐れられた、ＳＡＲＳ（重症急性呼吸器症候群：２００２年〜２００３年）やＭＥＲＳ（中東呼吸器症候群：２０１２年〜）に対する当事国の事例が参考となるように思います。

2002年11月、中国広東省で発生したSARSは、アジアを中心に感染者が急速に広がり、WHO（世界保健機関）から渡航自粛勧告を受けた「香港」は、特に観光業において壊滅的な打撃を受けました。

これに対して、香港政府と香港政府観光局は、SARSの感染が拡大しつつあった2003年4月の時点でいち早く特別チームを編成し、感染収束後の観光復興計画策定に着手しました。そして、2カ月後に渡航自粛勧告の解除がなされてすぐに、それまで綿密に準備を進めてきた観光復興プロモーションを全世界で大々的に展開したのです。

4億香港ドル（約60億円）をかけたPRキャンペーンを展開し、8月には世界55カ国の観光関連のキーパーソンといえる人たち1000名以上を香港に招待。現地の様子を実際に見てもらうなど、世界中の人々に香港のSARSからの完全復活をアピールしていきました。

わが国においてもコロナ後は、表面だけを取り繕ったような小手先の観光施策では、以前のようなインバウンド需要を喚起するのはなかなか難しいでしょう。

だからこそ、従来型の均一的なプロモーションではなく、人・モノ・情報、そしてカネを包括的に動かす「街づくり」の視点に立った、まったく新しい観光価値創出の視点が必要といえるのです。

今回のコロナ禍を経て、これからのインバウンドのニーズは、従来の観光主体の短期的な来訪を前提とした動きから、一定のエリア内に長期的に滞在し、目的を明確にした高い付加価値を求める消費行動に変化する可能性があります。

単なる観光地巡りではなく、インバウンド自身の嗜好も、**訪れた地で利得を生み出す「価値共創」へのシフトが起こる**と考えるのです。

今や時代は、SNSなどの普及で、知らない者同士がつながり、誰もが情報を受信・発信できる時代です。私が提唱する理念として「共生《ともいき》主義」がありますが（後の章で詳しくご説明します）、「共生日本《ともいきにっぽん》ゲートウェイ成田」は単なる観光スポット作りではありません。従来の〝価値提供〟から〝価値共創〟への変革を、この「共生日本《ともいきにっぽん》ゲートウェイ成田」の街づくりで実現していきます。

「作り手と共に生き、共に事業を育み、共に栄える」という「共生・共育・共栄」の考え方のもと、インバウンド需要を最大限に活用した、新しい観光&ビジネスの拠点

づくりを進めていきたいと考えています。

「共生日本《ともいきにっぽん》ゲートウェイ成田」の「商業ゾーン」と「ビジネスゾーン」

成田国際空港から自動車で3分、東関東自動車道の成田インターチェンジを出てすぐの、目前に広がるロケーション。13万坪、45・5万平米の広大な場所に、「共生日《ともいきにっ》本《ぽん》ゲートウェイ成田」は誕生します。これまで述べてきたように、現在すでに造成工事に入り、2024年の開設に向けて大きく動き出しているところです。

あらためて説明すると、プロジェクトのコンセプトとしては、「地方創生・クールジャパン支援プロジェクト」という位置付け。言い換えれば**「日本文化ルネサンス」**とも表現でき、**近江商人の有名な言葉「売り手よし」「買い手よし」「世間よし」の「三方よし」の共存共栄の精神を世界に伝えていくこと**が、「共生日本《ともいきにっぽん》ゲートウェイ成田」の大きな役割といえます。

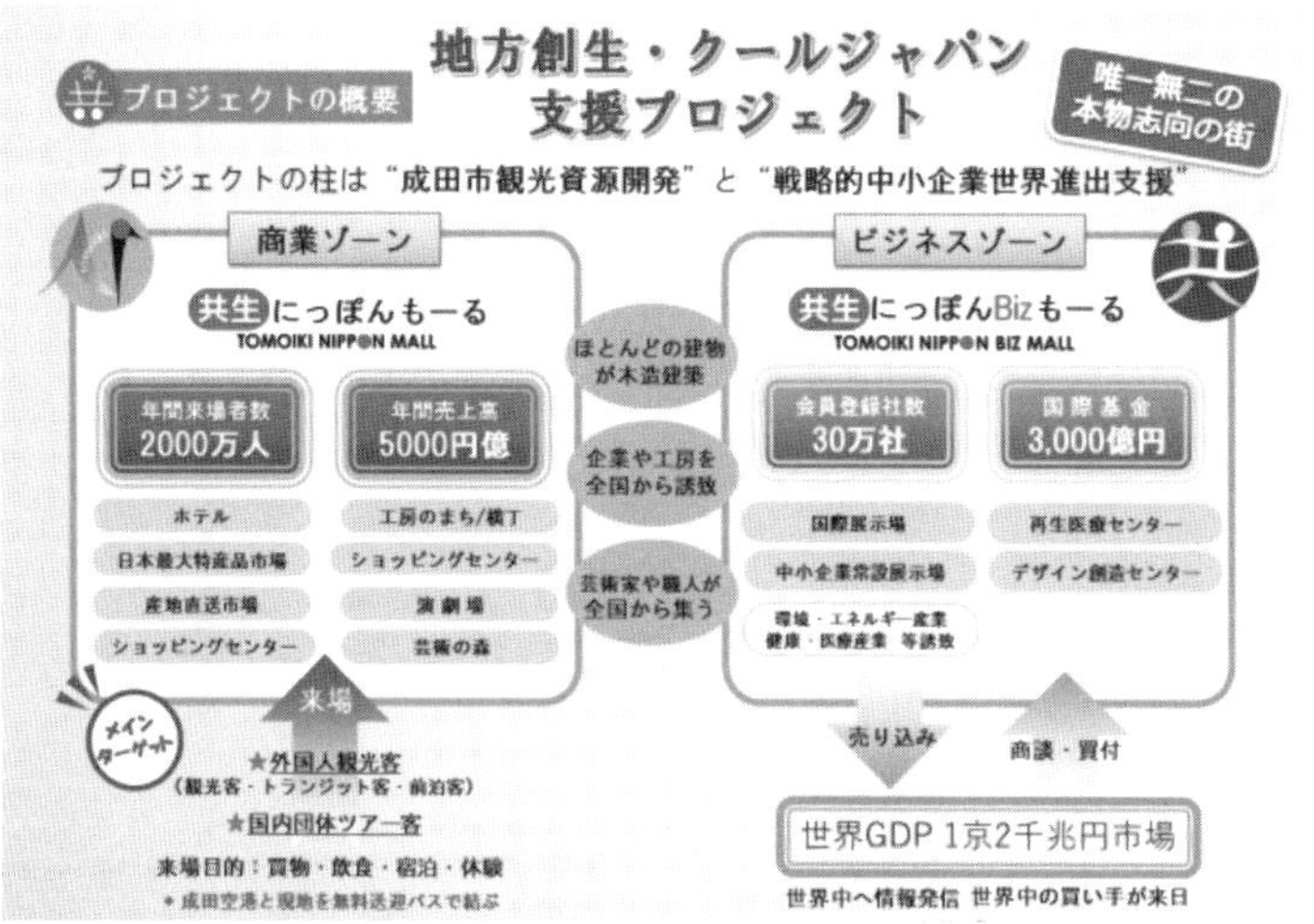

「地方創生・クールジャパン支援プロジェクト」の全貌

「共生日本《ともいきにっぽん》ゲートウェイ成田」の街に建つことになるすべての建物は、日本の伝統である木造建築を多用する方針です。そして、街のシンボルとして「城」を中心に据え、城郭を備えた伝統的高級文化（伝統芸能・伝統工芸・日本料理）を堪能してもらう計画です。

現在、この計画について「安土城」を再現する方向で協議を始めていますが、私が安土城をシンボルとしたい最大の理由は、当時の優れたエコロジー都市としての「安土の街」を、あらためて国内外にアピールする時であると考えるからです。安土をフォーカスすることで、日本の共生《ともいき》精神や、日本の人と人、人と農業、人と動物、人とモノ、人と環境、人と自然との関係といった共生《ともいき》の歴史的な実績を再確認するとともに、日本が和と共生の考え方で世界と共生・共栄していく国であることを、世界中の人々に実感してもらいたいと願うためです。

また同時に、安土城は、楽市楽座を通して商業の規制改革のシンボルであると同時に、当時、激変する世界情勢の中で、新しい時代に向けて、新しい国造りにチャレンジした織田信長のビジョンとスピリットを継承し、アフターコロナの時代を迎えて、日本の政治、経済、文化の抜本的構造改革と、革新、覚醒のシンボルとなり得ると判断したからです。

戦後日本は、75年にわたって戦前の歴史観に苦悩し続けてきました。その本質的問題点は、明治維新にあったとも最近では言われ始めています。本書では趣旨から外れるので多くは書きませんが、大事なことは本来の日本人の伝統精神と伝統文化に立ち返ることです。

諸外国（中国や韓国）がどうであれ、和の国日本を見つめ直し、日本の原点に皆で回帰することによって自信を取り戻し、その心の奥底、魂の中心から湧き出る確信の思いを持って世界のために立ち上がる時が来ていると、私は思います。

さて、「共生日本《ともいきにっぽん》ゲートウェイ成田」はプロジェクトの柱として、**「成田市観光資源開発」**と**「戦略的中小企業世界進出支援」**の2つを打ち出し、それに付随する形で、主に2つのゾーニングエリアに分かれています。

その基本的な枠組みについてあらためて説明すると、観光資源開発を主な目的にした**「商業ゾーン：にっぽんもーる」**と、中小企業の世界進出支援を目的とした**「ビジネスゾーン：にっぽんBizもーる」**の2つがあり、それぞれ、〝外需を獲得していく方法の違い〟とリンクした位置付けとなっています。

前者の商業ゾーンは、主に個人客に来場してもらって売上を立てるBtoCの考え方。後者のビジネスゾーンは、企業の海外進出を促すことで外需獲得へとつなげるBtoBの方法ということになります。

商業ゾーンは、主にインバウンドのお客様に日本に来てもらい、宿泊や飲食、物販ほかサービスの提供で売上を上げます。一度来場したお客様には、必ずリピーターになっていただけるような様々な仕掛けも施します。

もちろん、インターネットと効果的にリンクさせた販売方法で、売上と利益を拡大していく手法も取り入れる。これが、商業ゾーンである「にっぽんもーる」なのです。

一方のビジネスゾーンは、アジアを中心とした海外の巨大市場に、日本企業が進出していくためのサポートを行うためのゾーンです。

常設の国際展示場を備え、日本の中小企業がふさわしいビジネスパートナーを見つけて積極的に海外へと出ていきます。優れた技術力を活かした製品や商材、日本的な工夫に満ちたサービスを直接売っていくビジネスや、合弁会社や工場を海外の現地につくって売上を上げていく方法もあります。そうした海外進出を支援していくのが、BtoBのビジネスゾーンである「ともいきにっぽんBizもーる」なのです。

「共生日本《ともいきにっぽん》ゲートウェイ成田」へは、入場料などもちろん生じません。飲食店やバーなどの施設は24時間いつでもオープンするなど、外国人観光客が安心して日本の伝統や文化を体感できる空間づくりを進めていきます。

日本の「すごい」を世界に発信する

日本は現在、国策として「クールジャパン戦略」を推し進めています。これは、日本の文化・伝統の強みを産業化し、国際展開するために官民連携で推進するもの。そのための方策および発信力の強化に努めていく国家プロジェクトです。

世界の「共感」を得ることを通じ、日本のブランド力を高めるとともに、日本への愛情を有する外国人（日本ファン）を増やすことで、日本のソフトパワーを強化する――という定義付けもなされています。日本が世界に誇る、あらゆる商材やサービスをラインナップした上で、インバウンドをはじめとしたお客様に、その価値を惜しみなく伝えていきます。

日本の商品は、確かな技術に裏打ちされた機能性や耐久性、実用性など、質の高さは世界でもトップクラスと評価されています。世界に対して優位性のある商品・サービスがたくさんあるのです。

そうした日本の企業が成長を続けていくためには、もはや国内需要ではなく、海外の消費ニーズをいかに取り込むかにかかっています。言うまでもなく、世界各国のマーケット（販路）へといっそう積極的に出ていく必要があるわけです。

その意味でも**「共生日本《ともいきにっぽん》ゲートウェイ成田」は、すべての産業において、その未来像を描くためのサポートを、世界のバイヤーやセラーとともに行っていく場**でもあります。

なかでも、これからの日本の経済成長を牽引する業態として、**「健康・医療産業」「エネルギー・環境産業」にいっそう注力して企業を誘致**し、支援していくことを目指します。

「健康・医療産業」の未来を創る

医療については、ビジネスゾーン内に**「国際再生医療センター&幹細胞バンク」**の建設を予定しています。その中で、中心的に取り組む研究分野の1つが、幹細胞治療です。

幹細胞とは、老化した組織や傷ついた組織を修復、または再生する能力を持った細胞のことで、それを凍結保存しておき、必要なときに取り出して培養するもの。その後、静脈注射で体に戻すことで体内が活性化し、体のあらゆる臓器や部位の機能修復を促していくことができるわけです。

こうした先進的な治療技術を開発していく再生医療事業が、健康・医療産業の有力な柱の1つとなります。

この幹細胞治療の試みは、私が出資する東京・高輪の「N2クリニック」において、実際に行われています。

培養した細胞を用いた再生医療等を提供する医療機関は、実施する再生医療技術ごとに再生医療等提供計画を作成し、厚生労働省が認可した専門委員会によって、基準に適合しているか否かの審査を受けなければなりません。

N2クリニックはこのようなプロセスを適切に経たあと、認可を取得した再生医療専門の医療施設として、すでに4年以上の幹細胞治療の臨床実績を有しているのです。

「共生日本《ともいきにっぽん》ゲートウェイ成田」に建設する国際再生医療センターでは、幹細胞療法を中心に、大学や研究機関と共同で様々な研究事業を立ち上げ、臨床への導入を目指して開発を進めていきます。

その中で、世界の富裕層30万人を対象に、1人当たり3万ドルで幹細胞の検体を募集し、凍結保存するというプロジェクトをスタートする予定にしています。これが実現すると、約1兆円の基金が確立。未来型の再生医療の研究がいっそう進むことが期待できます。

ほかにも、農業を中心にした細胞培養などのバイオテクノロジーに関する研究開発も含め、医療や健康に関する未来への投資を推し進めていきます。

「エネルギー・環境産業」の未来を創る

エネルギー事業については、日本の原子力発電の技術を活かして、**安全な「原発」を海外に輸出していくプロジェクト**を検討中です。

燃料を、従来のウランからトリウムに代える新しい技術で、燃料形態が固体から液体へと変わることで、炉の構造がシンプルにもなり、原発自体を超小型化することが可能になります。そしてトリウム熔融塩炉は発電効率が極めて高く、しかも安全性が非常に高い。さらに、想定コストはkW当たり僅か3円未満と圧倒的に安価なのです。

誤解いただきたくないのは、これは日本国内で推進する話ではないということ。海外にこの「小型化原発」を売り込むというビジネスの話なのです。

何より安心安全であり、安価で発電効率が高いことから経済性に非常に優れています。そして、今後ますます増大する世界のエネルギー需要に応えられるだけの供給力も十分。「トリウム型原発」は、こうした3つのメリットをいずれも兼ね備える、「原発革命」と言ってよいほどの革新的な技術なのです。

こうしたエネルギー新時代を構築していくための先進的な場所として、「共生日本《ともいきにっぽん》ゲートウェイ成田」が存在することになります。

今後、特に発展途上国などで電気が足りなくなることが懸念される中、日本としても、海外での需要に積極的に応えていくことが急務です。

海外の未開拓の国々へ、われわれ日本人が培ってきた優れた技術力を広げていくためのプロジェクトとして、「成田」での試みは大きな期待を集めているといえます。

日本の優れた先進技術で外需を獲得する

私たち「共生《きょうせい》バンクグループ」では、まだ誰も手をつけていない、未来のマーケットを創るための日本の優れた技術を積極的にサポートしています。

皆さんの身近な生活をより魅力的なものに変えていく先進的な技術が、このほかにも日本からどんどん生まれているのです。「成田」は、そうした革新的な技術を世界に広めていくための情報発信基地になっていきます。

当グループが開発を後押ししている、これから必ず注目されていくであろう先進技術。そのひとつに、**自分のネイルを、好きな色に変えていくことができる新技術**があります。光を活用した特許技術を組み込んで開発したデバイスを使い、スマホに取り込んだ200色以上の色と連動させ、自分の爪に照射していくことで、ネイルの色を好きなように変えていけるのです。

太陽光に当たっても変色することはありませんし、何度でも好きな色に変えていくことで、気分やシチュエーションによってネイルアートを楽しむことができます。ネイルサロンに行かずとも、自分でいろいろなカラーに変えながら手軽に楽しめるのです。

これは、ネイル以外にも様々なものに汎用できる技術です。牛革にも対応可能なことで、たとえば自分のバッグの色も好きなものに自由に変えられます。いま皆さんが使っているスマホのカバーなども同様です。今のカラーにそろそろ飽きたな……と思えば、自分で自由にイメージチェンジをはかれるのです。
ほかにも、チェアやデスクなどの家具のカラーリングにも使えたり、この先はクルマのボディカラーも好きな色に変えていくことだってできるようになります。家具の販売店やカーディーラー、ガソリンスタンドなどと提携することで、ビジネスとしての発展性も大いに期待できるでしょう。

また、**生鮮食品の保存期間を従来よりも長期化できる、冷蔵庫に関する新たな機能**も、あらゆるイノベーションにつながる注目の技術です。生鮮食品に含まれる、水分組成のクラスターを小さくして数珠《じゅず》繋《つな》ぎでつないでいくことで、それが可能になるのです。

家庭用の冷蔵庫でも、スーパーで買ってきた生鮮食品の日保ちがすごく長くなります。加えて業務用の冷蔵庫に活用して食品の保存期間が格段に延びることで、これまで航空便でしか送れなかったような野菜や果物、食肉や魚介などの生鮮食品が、船便などでコンテナごと送れるようになります。物流の仕組みを根底から変えていく流通革命にもつながり、世の中を大きく変えていくイノベーションとなり得るのです。

また、揚げ物の分子構造を変えて、誰でも美味しい揚げ物が作れる技術……といったものもあります。

こうした新たな技術は、枚挙にいとまがありません。このように、日本では次々と社会を変える新たな先進技術が生まれていて、それを私たち共生バンクグループが積極的に支援しているのです。

私たちはこれからも、人々の生活の質を上げていくための先進技術の開発をサポートしていきたいと考えています。

そして、新たな技術が広く国民、市民に提供されるサービスとして広がっていくには、**それらの技術がビジネスとしての価値を生み、事業化されていくことが必要です。まさに「成田」が、それを実現するためのマッチングの場であり、世界に向けた情報発信の場**となっていくわけです。

日本人も知らない日本の魅力を掘り起こす

「共生日本《ともいきにっぽん》ゲートウェイ成田」の商業ゾーン「にっぽんもーる」は、特にインバウンドを呼び込むためのあらゆる魅力を備えた空間と説明しましたが、もちろん国内のツーリストやビジネスパーソンをターゲットにしたプロジェクトとなり得るのも、また確かです。

日本全国47都道府県の特産品や名産品が一堂に集まる常設の物産展やショッピングモールは、第4章でご紹介したように、未だどこにも存在していません。

地方に息づく様々な魅力が、この成田に集約する――こうした空間が登場するのは日本でも初めてのことで、インバウンドがもたらす外需の獲得はもとより、新たな内需拡大の呼び水となることは間違いないと確信できます。

これまで、われわれ日本人が知らなかった、各地方に脈々と受け継がれる技術や素材、商品やサービス……。地方創生につながる魅力の再発見を、この成田で実現していくわけです。

大阪万博が開かれるのが5年後の2025年ですが、「その前の2024年には完成してほしい」という政府関係者からの要望もいただいています。

「共生日本《ともいきにっぽん》ゲートウェイ成田」によって、この地をクールジャパン戦略の一大拠点と

位置づけ、観光立国としての新たな魅力創出につなげたいと考えています。

成田は「国家戦略特区」になっている

もともと、「共生日本《ともいきにっぽん》ゲートウェイ成田」の予定地は山林が中心の未開発の地でした。その中で、成田国際空港、成田インターチェンジに隣接する好条件に着目し、開発許可を得て造成工事を開始しました。現在、もとは100億円だった土地の価値が、すでに6000億円にまで評価されています。

この先、「共生日本《ともいきにっぽん》ゲートウェイ成田」のエリアは、段階を踏みながら2次計画、3次計画へと広がっていく可能性があります。そして、この「まち」で働く人は、当初段階でおよそ2000人を見込んでいますが、スタッフの住環境も、今回の用地周辺に用意するつもりです。

プロジェクトを事業として成長させていくには、言うまでもなく優れた人材確保が欠かせません。それを促すために進めていくのが、**「次世代型スマートシティ」の建設**となります。

次世代スマートシティの実現
スマートシティ：
地区内に張り巡らせたセンサを通じて、環境データ、設備稼働データ・消費者属性・行動データなどのさまざまなデータを収集・統合してAIで分析し、さらに設備・機器などを遠隔制御することで、都市インフラ・施設・運営業務の最適化、企業や人々の利便性・快適性向上を目指すもの
国内：トヨタ（静岡県裾野市）、ソフトバンク等
国外：グーグル（カナダ）、アリババ等
IoT
Big data
AI
①IoT / モノがインターネットにつながる
②ビッグデータ / IoTにより大量に出てくる情報
③AI / ビッグデータの解析によりソリューションを提示
当該事業においては、従来の分野におけるデータ活用に加え、「リアル体験」「健康体験」「防災意識醸成」といった分野も加え、日本におけるスマートシティのモデルケースとすることを目指しています。
■ 次世代型スマートシティとは
「オンライン」と「オフライン」のデータを統合
実際に手にとり試す」という感覚的な
ビジネスオポチュニティをオフラインで提供。
ONLINE
OFFLINE

次世代型スマートシティとは、都市の抱える従来の課題を、ICTなどの新技術を活用して最適化をはかる持続可能な都市計画のこと。実際、すでに国内においても、同様の取り組みを行っている自治体は数多くあり、首都圏でも東京の港区や千葉・柏の葉や横浜、また地方でも札幌市や兵庫県加古川市など、IoTやセンサ、ビッグデータをはじめとした先端技術を活用したスマートシティの構築が進められています。

たとえば千葉の「柏の葉スマートシティ」では、「環境共生都市」「新産業創造都市」「健康長寿都市」の3つのテーマを掲げ、公・民・学の連携によって、横断的に活用できるオープンなデータプラットフォームづくりを目指しています。

具体的には、柏の葉キャンパス駅を中心とする半径2キロ圏に大学や病院、商業施設などを集めることで、人・モノ・情報を集中させ、駅周辺に集まるデータの収集と連携を強化。収集されたデータは、公・民・学が連携してデータ駆動型の地域運営に活用していくという仕組みです。つまり、データの蓄積をベースにして地域全体が有機的につながることで、住む人たちの利便性を高め、様々な付加価値を享受できるのです。

また教育の仕組みについても、海外との接点という、「共生日本《ともいきにっぽん》ゲートウェイ成田」のリソースを活かして、子どもを含めたバイリンガル教育が可能になります。ゆくゆくは学校施設の建設も進め、世界に通用するグローバル人材を小学校時から育てていく環境が整備できれば素晴らしいでしょう。

こうした高度な教育や医療、ビジネスが一体となった、従来にない都市づくりを継続的に進めていく。これが、「共生日本《ともいきにっぽん》ゲートウェイ成田」の未来像なのです。

まさに理想的な街づくりであり、夢のある都市開発ということができると思いますが、こうしたビジョンが現実のものとなる根拠の1つが、**成田が「国家戦略特区」で**

あるという事実です。

国家戦略特区とは、大胆な規制緩和によって企業の投資や人材を呼び込み、地域経済の活性化を促すとともに、産業の国際競争力の強化と国際的な経済活動の拠点形成を目指して、国が指定する経済特区のこと。成田市は、２０１４年5月1日に政令によって同区に指定されています。

国家戦略特区の指定区域では、産業の国際競争力の強化、国際的な経済活動拠点の形成に寄与する提案や、様々な規制改革メニューを活用して事業を推進することができます。

中国で経済特区に指定された深圳が、先進都市として飛躍的な成長を遂げた例もあります。同様の発展をもたらすポテンシャルが、成田という都市、そして「共生日本《ともいきにっぽん》ゲートウェイ成田」プロジェクトには間違いなくあります。

誰もやらなかった、本当の意味での国家的都市開発。日本の経済に変革の潮流を起こし、国民所得倍増を狙い、１１００兆円もの借金をゼロにしていくための挑戦が、もうすでに始まっているのです。

5章のまとめ

◆中小企業の世界展開を支援し、日本経済の発展的成長を促すのが「共《とも》生《いき》日《にっ》本《ぽん》ゲートウェイ成田」の役割の1つ。

◆日本経済は国内の需要に期待する内需型から、海外での経済活動を促す外需獲得重視型への経済転換を明確にはかるべき。「共《とも》生《いき》日《にっ》本《ぽん》ゲートウェイ成田」がその起爆剤となる。

◆「リカバリー・コロナ」の方策の柱として、官民一体でインバウンド需要を再建するためのプロモーションを強力に推進する必要がある。

◆「共《とも》生《いき》日《にっ》本《ぽん》ゲートウェイ成田」では「健康・医療産業」「エネルギー・環境産業」にも注力して企業を誘致。日本の優れた先進技術で外需を獲得する。

◆成田は「国家戦略特区」であり、先進都市として飛躍的な発展を遂げるための大きなポテンシャルがある。

第6章

「共生日本《ともいきにっぽん》ゲートウェイ成田」が日本を救う！
〜日本の財政赤字をゼロにする戦略プロジェクト〜

香港の１０００兆円の土地は、もとは二束三文だった

「共生日本《ともいきにっぽん》ゲートウェイ成田」という都市開発プロジェクトを考えるとき、実際に新たな開発によって資産価値を上昇させ、飛躍的な成功と成長を遂げた都市《まち》の例があることに注目せずにはいられません。

　たとえば、アジアで経済成長を遂げた代表的な国や地域として、香港やシンガポール、中国の深圳が知られています。

　これらの地域の共通点として、**経済発展前は土地が二束三文とタダ同然の価格だったのが、その後、土地の価格が飛躍的に跳ね上がったという事実**があるのです。

　現在の香港の土地資産額は、およそ１０００兆円といわれるほど。なぜ、土地の価格がそれほど上昇したのか、歴史を振り返ってみたいと思います。

　香港は誰もがよく知る中国の大都市で、正式名称を「中華人民共和国香港特別行政区」といいます。２０１９年からの民主化デモや中国政府による締め付けなど政治的に揺れていますが、今や世界トップクラスの金融市場として栄えているのは、よく知

られるところでしょう。

香港が現在のような世界有数の都市に発展した理由は、金融先進国であるイギリスが統治したことにありました。

イギリスは1840年のアヘン戦争の勝利で、清国が領有していた香港の統治権を譲り受けました。このことによって、香港の状況は一変します。

アヘン戦争以前は、まだ経済的に重要な拠点としては機能していなかった香港でしたが、イギリスが統治し始めてから、イギリス人が暮らしやすいように交通網が整備され、教育機関、病院、文化施設なども建設されるなど、都市としての機能が充実するようになったのです。

もともと、清の時代の1600年代終盤からイギリス東インド会社のアヘンなどの貿易拠点となっていましたが、イギリス人が同社に次々と移ってきたり、職を求めて中国人やインド人が移り住むなど経済活動も活発化しました。

その後、1941年に日本に統治されましたが、戦後にイギリスの統治に復帰してからは、香港はさらなる高度経済成長を実現させます。

戦前・戦後にかけて香港は、アジアにおける主要な貿易港・金融センターとして、中国と海外を経済的につなげる拠点として富を得てきました。こうした金融業の発展によって、1965〜1995年までの香港の年間GDP成長率の平均は、7・7%と非常に高いものになっています。

イギリス領だった時代から、アジアの貿易の拠点として経済発展し、今ではアジア有数の経済都市へと成長を遂げたのです。

その結果、今では不動産価格も高騰。たとえば麻布の高級マンションの2倍以上の価格にまで上昇するなど、非常に高い資産価値を有する都市となっています。

シンガポールのたどった軌跡

アジアのハブと言われ、国際的にも先進性の高い都市として知られるシンガポール。実は、もともと7〜14世紀にはほとんど無名の土地であり、「漁村テマセック」と呼ばれていた田舎まちだったことは、それほど知られていないのではないでしょうか。

14世紀末に、サンスクリット語で「ライオンの町」を意味する「シンガプーラ」という名称が定着し、その後は、ポルトガルによる侵略で再び歴史の表舞台から姿を消し、マングローブの生い茂る漁村に戻りました。

しかし、オランダの植民地時代にコショウなどの香辛料貿易を独占し、発展への足掛かりをつかみます。

そして1819年、イギリス東インド会社のトーマス・ラッフルズが上陸。地理的な重要性に着目し、英語の発音である「シンガポール」と改めました。

その後、イギリスの植民地となり、無関税の自由港政策を推進して急速に発展。イギリスの植民地であったインド、オーストラリア、中国大陸との間において、アヘンや茶葉の三角貿易で栄えることになりました。


実は1950年代のシンガポールといえば、失業率が10%を超える、東南アジアでも有名な貧困の町でした。それが、1965年に都市国家として独立したあと、初代首相リー・クアンユーのリーダーシップが功を奏し、急速な経済発展を遂げて、わずか数十年で世界の先進工業国の1つに成長していったのです。

現在ではアジアの金融の中心地となっていることは周知の事実ですが、ではシンガポールの飛躍の秘密はいったい何だったのでしょうか。

背景には、**政府の強力な外資導入政策によって、経済発展を国の根幹に据えた国家づくり**がありました。

政府自らが港湾、道路、電力、工業団地などの基礎的な産業インフラ整備を集中的に進め、税制上の優遇措置や外資に対する出資比率の原則無制限など、極めて自由度の高い外資導入政策を実施し、外国資本と技術を誘致したのです。

一方で国民が労働力を積極的に提供し、優れた製品を海外市場に輸出。いわゆる「国家主導型開発」と呼ばれる小国ならではの手法で成長を続けてきたわけです。

実はこのプロセスは、日本の高度経済成長期とよく似ています。その結果、シンガポールはＩＴをはじめ、バイオテクノロジーや金融、通信など様々な分野でアジアのハブとしての地位を確実なものにしていったのです。

２０１０年には実質ＧＤＰ成長率が15・２％と過去最高を記録。２０１３年のシンガポールにおける１人当たりＧＤＰは約６０７万円でアジアのトップ、世界でも第８位に達しています。当然ながら、不動産の資産価値も上昇。現在も税金を安くすることで富裕層を誘致して、税収を高めてさらなる発展を続けています。

深圳は経済特区になり土地の価格が急上昇した

中国広東省にある深圳は、中国屈指の世界的都市であり、金融センターとしても重要な都市として成長しています。現在では、富裕層のビリオネア（ミリオネアを超えた十億長者、億万長者などの大富裕層のこと）が世界で8番目に多い都市とも言われています。

深圳は、かつては人口わずか3万人の小さな漁村でした。それが1980年、中国初の経済特区になり、以来40年が経ったいま、隣接する香港をも凌駕する都市へと成長しつつあります。

「アジアのシリコンバレー」「世界最先端都市」とも呼ばれ、人口は1200万人に増加。科学技術系の大企業は上海よりも多く、新技術に対して、開発投資金額はGDPの4％を超えるなど、国際的にも先進レベル。いま最も注目を集める経済特区として、格段の進化を遂げています。

深圳が経済特区の1つに選ばれたのは、好立地と世界市場へのアクセスの良さが理由で、中でも国際ハブ都市の香港からわずかに川を1本隔てた場所にあったことが主な要因とされています。

そして現在、深圳の中心部には「華強北《ファチャンベイ》」という商業エリアがあります。もともとは日本の秋葉原を模して造られたものですが、いまや秋葉原の30倍という世界最大の電子商店街に成長しているのです。

秋葉原の家電量販店が一般の個人客を相手にしているのに対し、「華強北」が相手にするのは、主に中国国内および世界各地から買い付けに来るバイヤーたちです。

この「華強北」の1日の集客量は、30万～50万人。700社を超える企業が散在し、電子、電器、通信、時計、アパレル、金飾、銀行、証券、保険、不動産、ホテル業界といった多岐にわたる有力企業が集中しています。ほかに大型デパートも二十数店舗があります。


こうした商業街の発展もあって、言うまでもなく、深圳の不動産価格は急騰。たとえば2017年の中国国家統計局のデータによると、住宅価格が就労者の年俸の何倍なのかを示す年収倍率は、北京が20倍、上海が25倍であったところ、深圳は36倍という高騰ぶりとなっています。

これから深圳はますます発展し、**不動産の値上がりによる資産価値の増大は、いっそう進む**と予測されています。

このように歴史を振り返ってみると、いずれの都市もひと昔前は、牧歌的な村や、ただの漁村であったり、人口の少ない閑散な土地であったことが分かります。それが、劇的な経済成長を遂げて大都市へと躍り出ていったわけです。

その過程で、土地や家などの不動産価格は劇的に上昇していきました。深圳などは、まさにその好例。私たちも大いに学ぶ点があると言えないでしょうか。

香港、シンガポール、深圳のような経済都市の創生で分かるように、ただの貧弱な村に過ぎなかった地域が、莫大な資産価値を持つ世界有数の国際都市へと飛躍を遂げています。かつての日本にあった「バブル」などではなく、**実体経済の発展を伴う劇的な成長によって、世界有数の経済都市へと台頭していく**ことがあるのです。

これは夢物語などではなく、実際に、現実に起こっているストーリーです。

このことは、非常に示唆に富むリアルな実例だと、私は強く認識しています。

成田モデルの成功が、香港やシンガポール、深圳のような新しい都市国家を産む

日本にある1100兆円の借金を返済するには、それを埋め合わせることができる資産（国富）を新たに創る必要があります。

繰り返しますが、そのためにはいくつかの方法があるのです。

1つは、国内の需要を拡大させて、企業や個人からの税収を増やすこと。ただ、これから人口爆縮時代を超高齢化社会の中で迎えるわが国に、そんな楽観的な見通しは成り立ちません。

2つめとしては、海外に企業を今以上に積極的に展開して、外需の獲得によって所得を増加させること。

これは大事な流れで、外需重視の転換はとても重要ですから、これから強力に推し進める必要があります。ただし、それだけで1100兆円の返済を見通すとなると、悲しいかな、途方もない時間がかかってしまうのです。

これらはいずれも、投資の形態としてはインカムゲインの獲得という手法です。そ

うではなく、私は自分がこれまで培った、不動産開発の経験と知識を活用した資産形成のスキームによって、必ずや日本の借金を減らせると、もう20年近く前になりますが、35歳のときに確信と共にひらめきました。

その方法はつまり、キャピタルゲインの考え方によるものです。

皆さんも、ベンチャー企業の価値をはかるときに、「時価総額」という表現を使うのを聞いたことがあると思います。**株式の時価総額とは、ある上場企業の株価に発行済株式数を掛けたものであり、企業価値を評価する際の指標**です。

たとえば今から約2年前、インパクトのあるCMで知られる某健康産業グループの時価総額が1兆円の大台を超え、10年弱の間に1000倍超の株価上昇を果たしたことが話題になりました。こうした新進気鋭のベンチャー企業が上場を果たし、業績を伸ばすと株価が100倍にも1000倍にもなるわけです。

では同じ原理で、仮に「ベンチャー都市」や「ベンチャー国家」を創るとどうでしょうか。

都市や国を作って、初期段階から投資を実行し、開発を進めて成長させます。その結果、資産価値が増大する。その実例として、香港やシンガポール、深圳などがあるのです。

規模はそれよりは小さいですが、同様のモデルケースとして、実際に私が着手しているのが、「共生日本《ともいきにっぽん》ゲートウェイ成田」プロジェクトです。成田国際空港に隣接する13万坪の土地を購入し、今年から造成工事に入っています。

前述したとおり、素地に100億円を初期投資する大規模プロジェクトで、周到な計画を練り、6年以上をかけて事業計画を推進し、2019年10月に成田市から開発許可を受けて今年着工、その用地価格がなんと6000億円（評価上）に跳ね上がっているのです。すでに、60倍の資産価値です。

皆さんのご理解を深めるために、あえて強調していますが、**この成功事例は間違いなく、日本借金返済のためのモデルケースになり得る**と確信しています。

香港が、シンガポールが、そして深圳が成し遂げた都市開発プロジェクト。仮に50兆円をプロジェクトの初期投資として用意し、60倍の価値上昇を実現させると、3000兆円の資産価値になり得ます。

そうした都市開発と資産形成のモデルを、まずは成田という場所で実現します。

日本国民は、国内の銀行に1000兆円の預金資産を持っています。またその他の資産を合わせると、国民の金融資産は約1900兆円というとてつもない規模の資産額があるのです。

たとえば**日本国民の銀行預金の、5%の50兆円程度でも、価値ある国家的投資に回してもらう**ことができれば――。国の借金は返済できると、本気で考えています。

なぜワシントンホテルプラザは6億円で買って20億円で売れたのか？

私たち「共生《きょうせい》バンクグループ」は、不動産開発のエキスパートとして、これまで日本全国の様々な土地や建物の再生や開発を手がけてきました。

自己勘定によって取得した不動産を、開発を通じて価値を増加させた上で運用、または売却していく投資事業において多くの実績を有し、確かな信頼をいただいています。

優良な用地仕入れルートを確保し、確かな情報を入手して即座に適正価格を算出、最適な物件としての開発企画ができる体制を整えているのです。

最近においても、香川の高松ワシントンホテルプラザについて、税込み6億円で購入したあと、資産価値を上げて20億円で売却したという事例がありました。

こうした投資による資産運用は、成功裏に終われば多大なキャピタルゲインにつながるメリットがあります。確かなノウハウと先見性を裏付けに、社会に新たな価値を提供していくための資本となって、世の中に潤いを提供することができるのです。

私たちは、全国に点在する不動産の運用を通じて社会価値を創造していくことを生業《なりわい》に、**「国家的都市開発を通じて、日本の借金を減らす」**という大きな目標を掲げています。

国の借金である1100兆円を、自分たちの世代で返済していく。それを実現するための一里塚として、「共生日本《ともいきにっぽん》ゲートウェイ成田」プロジェクトをスタートさせていることを紹介してきました。

いま実際に、世界中で多くの次世代向け新都市が開発されています。たとえば、雄安新区や天津生態城をはじめとする中国の街づくりや、オーストラリアでのシドニー新空港の建設に伴うシドニー西部開発、タイの高速鉄道建設に伴うバンコク東南部開発など、再生可能エネルギーや新交通システムなどの導入と合わせて、スマートシティとしての開発が進められているのです。

日本では従来、海外ほどの規模で新たな都市が開発・建設されているわけではありませんが、たとえば東京の臨海副都心や幕張新都心、六本木ヒルズや丸の内エリアなどは、様々な都市機能の開発によって不動産価値が大きな上昇を遂げています。

こうした都市開発に向けた投資が日本で積極的に行われたのは、１９８０年代後半からの、いわゆる「バブル」の時代です。

１９９０年前後におとずれたバブル経済は、日本経済に巨額の負債をもたらしたマイナス面が強調されて伝えられますが、都市開発においては日本の大都市圏の価値を高めるのに貢献した面が多々あります。

不動産開発を軸に巨額の資金が投じられ、未来に向けての様々な先進的なアイデア

や技術が投入されて都市の質が上がり、街の資産価値は大きく向上していったのです。

東京一極集中の是正による地方への分散

日本の地方都市はいわゆる支店経済であり、東京への一極集中が顕著であるとずっと言われてきました。

たとえば「東京圏」で見てみると、現在も約3800万人の人口を擁する世界一の都市で、その次はインドのデリーが約2500万人、上海の同2300万人と続きます。今後は東京圏の人口も減少が予想されていますが、それでも2030年くらいまでは世界一の座を維持すると見込まれています。

国の人口に占める主要都市人口の割合を見ても、日本の東京一極集中度は世界的にも際立っていて、東京圏の人口が日本全体の人口に占める割合は、1950年に15%以下であったのが、2010年にはおよそ2倍になっています。

他の先進国では、たとえばロンドンは1950年に15%を超えていたものが2010年には15%以下に減少、ニューヨークも5~10%の間で減少し続けています。

こうした比較を見ても、日本全体の人口における東京一極集中の度合いが顕著であることは明らかなのです。

実は、国における主要都市の一極集中は、経済的に決して有利にはなり得ません。逆に大都市集中が顕著といえない国のほうが、国全体の発展へのポテンシャルは大きなものになっていくと多くの経済論者は説いています。

日本政府も、こうした問題意識は強く認識しているようで、現在のわが国の都市開発は、**首都圏や大都市圏のみならず、地方に分散していく流れ**の中にあります。

政府は2020年7月17日、安倍晋三首相（当時）も出席するなかで、経済財政諮問会議と未来投資会議を合同で開催。「経済財政運営と改革の基本方針2020」（骨太の方針2020）と「成長戦略実行計画」を閣議決定しました。

今後の検討課題として、新型コロナウイルス感染拡大後への対応の中で、テレワークなど新しい働き方の定着などによる、東京一極集中の是正による地方への分散が盛り込まれました。

都市から地方への分散に向けて、テレワークの定着や交通ネットワークの整備、防災・減災などを目指す内容で、コロナ後の社会像として一極集中から多核連携型の国づくりを打ち出し、スマートシティ化や二地域居住の推進を目指すことが示されたのです。

東京および首都圏への一極集中を解消し、地方創生を推進するという方向性は、必ずや国の経済を活性化し、財政の健全化につながります。**「国家戦略特区」に指定される成田市のような街の成長性が、今後の新たな都市発展モデルになっていく**のは間違いありません。

こうした、自国経済の成長軸を考えた際の明確なベクトルとなり得るのが、今回進めていく「共生日本《ともいきにっぽん》ゲートウェイ成田」プロジェクトといえるのです。

街への魅力付けで、地方の都市開発は現実のものとなる

国が示す明確な方向性の中で、高い関心が寄せられる地方創生。「共生日本《ともいきにっぽん》ゲートウェイ成田」も、その大きな流れに沿った都市開発プランですが、ほかにも全国各地

で様々な取り組みが進められ、地域や街の発展が模索されています。

たとえば、地方創生のモデルケースとして取り上げられることの多い街として、徳島県神山町が挙げられます。

地方創生のロールモデルとしてたびたびメディアでも取り上げられていますが、もともと日本の田舎を絵に描いたような、山々に囲まれたのどかな町でした。

1955年には2万人強だった人口が、若者たちの流出で、2015年には6000人まで落ち込んだといい、限界集落のレッテルを貼られるほどの過疎化が進んだのです。

ところが今では、街の全域に光ファイバーが整備され、大都会に匹敵するような高速通信網が構築。IT関連企業のサテライトオフィスが次々と開設されるようになりました。

東京や大阪のITベンチャーを中心に、2010年以降から数えて、すでに20社近くの企業が神山町に集積しているそうです。

では、この町はなぜ、ITビジネスの先進エリアとして急成長を遂げることができたのでしょうか。

同町はもともと、ITベンチャーのオフィス誘致を計画的に進めたわけではなく、当初はアートを軸とした街の将来像を描いていたといいます。

それに基づいて、国内外のアーティストを呼び、作品づくりを住民とともに行った結果、神山町の名前は外国人アーティストに次第に知られるようになりました。その結果、国際交流による街づくり事業が促進されていったのです。

移住希望者が自然と増えるようになり、2010年には東京のITベンチャー企業がサテライトオフィスを開設。自然の中でテレワークを活用して働く姿がメディアで取り上げられ、こうしたオフィスでの働き方が新たなワークスタイルとして注目を集めるようになりました。今もなお、十数社のサテライトオフィスがこの町でビジネスを続けています。

まさに魅力的な街づくりを推し進めた結果、自然と人や企業が集まるようになった地方創生の好例ということができます。

先の章で事例として紹介した香港やシンガポール、深圳とは規模が違うとはいえ、ほとんど何もなかったような町や村に、新たな付加価値を与えて開発していくプロセスは同様のものです。

許可を得て開発を進め、街づくりを進めることによって、そこには人が集まり、モノもお金も集まっていきます。成長が加速していくことによって、1つの都市国家ができることだって決して夢ではないのです。

国との協力で大規模不動産開発は加速する

今回の成田における取り組みは、都市開発と資産形成を目的とした一大プランであり、国の借金を返済するためのモデルケースとなるプロジェクトです。

日本経済の新たな潮流を創り出すことにつながる都市開発を行うことで、土地をはじめとした不動産の価値を何十倍にも上げていく、未来を見据えたプランなのです。

すでに同プロジェクトの用地は、当初100億の価値だったものが、現在は6000億円を超えていることはすでに紹介しました。今後、いっそうの上昇を続けていくのは確実と見られます。

土地を買って、開発をして、資産価値を上げる。「共生日本《ともいきにっぽん》ゲートウェイ成田」の成功を通して、私はかつての香港やシンガポール、深圳と同様の、大規模な国家的な都市国家を世界のどこかに創り上げるところまでイメージしています。

こうした**大規模な都市開発を国家型で進めることによって、1100兆円にもおよぶ、国の債務をゼロにすることができるのです。**

先の章でも書きましたが、大切なメッセージなので、あえてもう一度記します。

こうしたインフラ投資によって都市開発を進めることで、一気にその価値は上がっていきます。**資産評価が40倍になれば、もとが50兆円であれば2000兆円。60倍だとしたら3000兆円の価値になります。**

その価値を裏付けに資産を売却していくことで、1100兆円の債務を返してしまおうというビジョンなのです。

ではいったい、40兆や50兆円のお金をどうやって集めるか。

先に述べたように、日本の個人金融資産1900兆円のうち、約半分の1000兆円は銀行預金であり、民間の金融機関などに預けられた、われわれ個人の大切な資産です。

その1000兆円の預金のたった5％にあたるのが、50兆円です。

つまり、**個人金融資産の5％に過ぎない資金を、国家型の都市開発プロジェクトに投資することで、国の借金がゼロになるという、半世紀以上にわたって私たち日本人に課されてきた大命題が解決に向かうわけです。**

国家戦略特区である成田の地だからこそ、このプロジェクトは大きな可能性を秘め、日本を変える「経済ビッグバン」を実現していくための、最高の実証的なモデルケースとなっていきます。

国民所得を増やして税収を上げ、国の債務を返済していく方法では、もはや気の遠くなる時間がかかります。経済が順調に伸びていったとしても、場合によっては100年以上かかるやも知れず、とてもそこまで待ってはいられません。

それを驚くような短期間で、言うなれば10年や15年で返済するための道がある。それが資産形成です。

「共生日本《ともいきにっぽん》ゲートウェイ成田」は1つの事例です。すでに造成工事に着手しているリアルなプロジェクトですが、これは1つのモデルケースなのです。

こうした都市開発によって、世界のどこかで新たな国づくりを進めていくというところまで昇華させていく発想。経済特区はもちろん、たとえば主権を認めて都市開発を行っていくところまで実行できれば、その資産価値はおそらく100倍にまで上昇する可能性だってあると、私は考えています。

100兆円の投資をすれば、100倍だと1京円――。実際に世界には、そうやって飛躍を遂げた先進都市がいくつも存在するのです。**それだけの資産形成が果たせれば、10％の資産売却を行うだけで、1100兆円の国の借金などすぐに償還できる**でしょう。

日本経済の足腰を強くし、確固たる成功ノウハウをもって海外に出かけ、同様の都市開発によって外需を獲得していくことも可能といえます。日本で成功する事例は、間違いなく海外でも通用するモデルケースとなり得るのです。

国内の人口爆縮時代を乗り越え、都市開発による資産形成で日本の借金問題を解決し、同時に外需拡大を促して日本企業および個人の所得を上げていく――。

日本の「経済ビッグバン」を実現し、次の世代に、新たな日本経済の姿を残していくことができると私は信じています。

平均年齢の若いアジアの可能性

第2章で日本人の高齢化率について紹介しましたが、2019年の日本において、総人口に占める65歳以上の高齢者の割合は世界で最も高く、28・4％に上りました（総務省発表）。

また日本人の平均年齢は2020年に48・36歳となり、2位のイタリア（47・29歳）を引き離してこちらも世界トップ。日本は現在、世界で最も高齢者の多い国と言うことができるのです。

長寿国となったことを喜ぶ一方で、その国の活力を労働力の側面から見たときに、どうしても「若い国」のほうが魅力的に映るのは確かでしょう。今後は国内需要の縮小に対し、海外需要の拡大が見込まれており、外需の取り込みは今後のわが国の経済成長の「起点」として極めて重要です。

その点、東アジア・東南アジアの国々の平均年齢を見ると、今後の成長の可能性を如実に感じさせられる現実があるのです。

たとえば、2015年の調査データでは、カンボジアとフィリピンの平均年齢は24歳、インドネシア28歳、マレーシア29歳、ラオスに至っては22歳という圧倒的な若さです。

これから日本は人口爆縮を迎え、内需の拡大はなかなか期待できません。**目指すのは外需の獲得であり、グローバリゼーションを見越した海外進出が日本経済の底上げには不可欠**なのです。

そして海外投資を検討するときに、人口の増加する国や、これから都市に人口が流れてくる国、そして不動産購入の増加などが見込まれる「若い国」が有望視されることは言うまでもないでしょう。

外需の取り込みに向けて、海外の有望国との経済連携は重要なファクターです。

国際通貨基金（IMF）によると、2018年のアジア（日本など先進国を除く）の成長率は6・5％となっており、先進国全体（2・5％）を大きく上回ります。

従来の欧米をはじめとした輸出先の多様化だけでなく、成長が期待される新興国やアジアの経済圏市場に直接投資を通じて現地に進出することも、わが国経済の成長性を高める極めて有効な手法といえます。

アジアにおける日本の現地法人数は２０００年以降増加の一途をたどっているように、**外需獲得のマーケットとして、高い経済成長率を誇るアジアは重要な位置を占めているわけ**です。

外需拡大で有望な国はどこか？

私自身、アジアの国々とは浅からぬネットワークを持っていますが、なかでも**インドネシアとは、かねてから深いつながり**があります。

私は「空眞流」という空手の教士で６段の資格を持っており、空眞流空手道連盟の副会長を務めています。空眞流はインドネシアに宗家があり、空手の中でも最大の流派です。そしてインドネシアに２００万人を超える門人がいて、その多くが軍と警察、そして国の要人も多いです。

宗家は、半世紀以上前から同国の、日本の東大に匹敵するような最高学府であるバンドン工科大学で空眞流の空手を教えていました。その後、教え子たちが各省庁や経済界、財界の有力者へと成長し、何よりインドネシアのユドヨノ前大統領も我が空眞流の空手家でした。

　こうした縁を起点に、私自身、インドネシアには豊富な人脈を土台にした強いネットワークがあるのです。

　不動産の価値を上げるには、日本との経済格差が10分の1から20分の1、そして人口が多く、平均年齢が若いことが重要です。このインドネシアを筆頭に、ポテンシャルの大きな新興国がアジアには多数あるわけです。

柳瀬公孝

空眞流空手道教士ノ称号ヲ

授與ス

令和二年五月一日

空眞流空手道宗家

松崎實龍

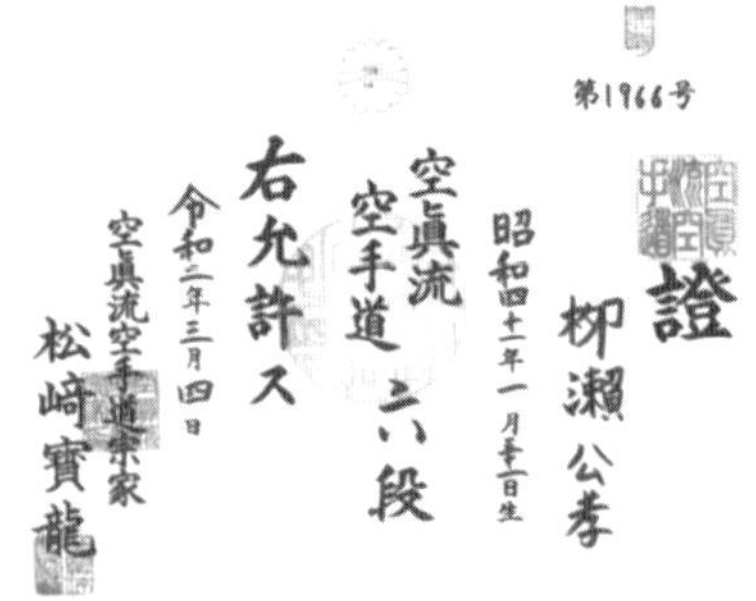

第1966号

證

柳瀬公孝

昭和四十一年一月廿一日生

空眞流

空手道 六段

右允許ス

令和二年三月四日

空眞流空手道宗家

松崎實龍

筆者は空眞流空手道連盟の副会長を務める

　こうした海外において、「共生日本《ともいきにっぽん》ゲートウェイ成田」と同じような都市開発を行うことで、香港やシンガポール、深圳のような資産価値の上昇が期待できます。

それを、成田発の日本の優れた技術とノウハウで実現していく――。そこには**必然的にニューディール政策的な莫大な需要が生まれて、日本の企業に特需も付加される**ことになります。実に夢のある壮大なビジョンだと思いませんか？

日本の１１００兆円の借金を返済するという命題に向かって、ダイナミックな都市開発によって資産を形成し、外需を獲得しながら企業と個人の所得向上をはかります。

それによって実現する「経済ビッグバン」は、日本の財政ビッグバンでもあるわけです。

私たちの子どもや孫の代に莫大な借金を残すことなく、自分の世代で解決する。そのための投資を、ぜひ国民みんなで実行していきたいと私は考えています。

「共生日本《ともいきにっぽん》ゲートウェイ成田」は、国民みんなが夢と希望に燃え、日本が次世代への活力を宿すためにスタートした、未来を変えるためのプロジェクトです。そのことを、ぜひ覚えておいていただきたいと思います。

6章のまとめ

◆香港・シンガポール・深圳などの先進都市は、もとは二束三文の貧しい街だったが、実体経済の発展を伴う劇的な成長によって、圧倒的な資産価値をもつ世界有数の経済都市へと台頭した。

◆「共生日本《ともいきにっぽん》ゲートウェイ成田」がもたらす都市開発の成功事例は、日本借金返済のためのモデルケースになり得る。

◆日本国民の金融資産の5％にあたる50兆円程度を価値ある国家的投資に回すことで、国の借金1100兆円は完済が可能。

◆わが国の都市開発は、首都圏や大都市圏集中型から、地方に分散していく流れにある。

◆外需獲得のマーケットとして、高い経済成長率を誇るアジアは重要な位置を占めている。なかでもインドネシアは有望な国の1つ。

第7章

ポスト資本主義は「共生《ともいき》主義経済」だった

大胆な金融改革が進められた「日本版ビッグバン」

本書では、これまでの６つの章において、「日本の借金」の現状や、これから訪れる「人口爆縮時代」への懸念、それらの課題を解決するための、国家的都市開発による「ミラクルマネー」の創出、そしてマネー実現に向けて実際に動き出しているプロジェクト「共生《ともいき》日本《にっぽん》ゲートウェイ成田」の中身について紹介してきました。

そのなかで、「経済ビッグバン」という言葉を繰り返し使いながら、日本経済の現状を大転換させる必要性を説いてきました。

「ビッグバン」とはもともと、宇宙の草創期に起きた大爆発を意味するものです。これを自国経済の変革の必要性を説く意味で最初に使ったのは、「鉄の女」と言われたイギリスのサッチャー元首相でした。

サッチャー氏は１９８０年代、自国の経済を活性化するため、さらに米国に資産が流れるのを防ぐ目的もあって、「ビッグバン」の名で証券市場の大改革を行い、成果を上げました。株式売買手数料の自由化や、株式取引のコンピュータ化などを積極的に推進した結果、株式取引高が増大し、外国為替取引高が世界一となったのです。

実は１９９０年代後半に、わが国でも「日本版ビッグバン」として、大胆な金融改革が進められた経緯があります。

当時、すでに国内にあった１２００兆円にも上る個人金融資産をより有利に運用するために、これらの資金を、次代を担う成長産業へ供給していくことが重要だと考えられました。それと同時に、世界に円滑な資金供給をしていくための、金融システムの改革の必要性が唱えられたのです。

市場原理が滞りなく働き、グローバル化の時代を先取りする自由な市場を構築していくための、抜本的な金融市場の改革が日本でも進められたわけです。

弱肉強食の資本主義経済は終焉を迎えた

バブルの終焉を契機に、経済・金融についての様々な改革が日本でも成され、２０００年以降、曲がりなりにも日本経済は一定の成長を遂げてきました。

本書でご説明してきた「共生日本《ともいきにっぽん》ゲートウェイ成田」による都市開発と、それに伴う資産形成で実現する「経済ビッグバン」も、こうした経済と金融の仕組みの上で進めていくことは確かです。

けれども私は一方で、従来当たり前と捉えられてきた「資本主義」という経済概念は、すでに限界を迎えているのではないか……と考えているのです。**いま日本は、大きなパラダイムシフトの真っただ中にある**と私は思います。

その予兆は1990年代後半からすでに始まり、2008年に起こったリーマン・ショックのあとから、はっきりと露呈してきています。

つまり、「持つこと」が豊かさの象徴ともいえた時代が終わりを遂げ、モノを持つ「幸せ」から、モノではなくコト消費、さらに、**自分に必要なモノだけを持ち、あとはみんなと共有しながら使う、といった価値観**へと変わっていったのです。

プルデンシャル ジブラルタ ファイナンシャル生命保険株式会社（PGF生命）が全国の20歳以上の男女2000人を対象に行った「シェアリング・エコノミーと所有に関する意識調査2016」によれば、「物を所有するより、得られる体験にお金をかけたい」という質問に対して、「そう思う」と答えた人の割合は69％以上に上っています。

2011年の東日本大震災、さらには今回のコロナ禍も契機の1つとなったでしょう。今では、人々の経済に対する意識は大きく変容し、モノを持つという幸せのモデルは次第に形をなくしつつあります。

これはきっと、人々がお金だけを追い求めてきたことが原因だと考えています。

お金にはもともと、価値の交換や保蔵や尺度といったシンプルな役割しかなかったことは、第1章でも説明しました。

それが、人々がお金を増やすことだけにフォーカスするあまり、単なる経済活動の手段でしかなかったお金が、いつのまにか「目的」へとすり替わってしまったのです。

これまでの資本主義のベースにあったのは、その名称からも分かるように、「資本の最大化」が最重要であるという思考であり、「拡大再生産」と「利潤追求」の考え方でした。

弱肉強食の熾烈な競争原理のもとで、商品やサービスを生み出せば生み出すだけ価値がある。質よりも、圧倒的な量を生み出し続けることが重要視される経済のあり方でした。

それは、質がよくても悪くても、「どれだけ儲けたか」に重きを置く利益偏重経済へとつながるものです。けれども、そうした物量主義による資本主義経済では、もはや商品やサービスを受け取る人々のことを幸せにはできなくなりました。

量よりも質、物質主義よりも精神主義への変容――。拡大再生産と利潤追求競争にまみれた資本主義は、今はっきりと終焉の時を迎えているのです。

資本主義は従来の拡大再生産の役割を終え、これからは、量ではなく質を高めていく「高質再生産」の時代へと移り変わっていくと、私は強く確信しています。

所有から共有する経済へ

「モノの所有が幸せに直結しない時代……」というのと同じく、現代は「シェアリングの時代」だと盛んにいわれるようになりました。

皆さんは、「シェアリング・エコノミー」という言葉をご存じでしょうか。

物・サービス・場所などを、多くの人と共有・交換して利用する社会的な仕組みで、たとえばクルマを個人や会社で共有するカーシェアリングはじめ、シェアオフィスやシェアハウスなども近年大きく増えています。

身近なコインランドリーや様々なレンタルサービスもそうですし、自分が使った不用品を必要な人と売買するフリマアプリの爆発的な人気も顕著な例の1つです。

あらゆるソーシャルメディアを活用して、個人間の貸し借りを仲介する多様なシェアリングサービスが登場して話題となっています。

もはや私たちは、「モノを所有する」ということに大きな価値を見出さなくなり、それよりも、お互いに共有して利用することで利便性を高める。さらに言えば、自分だけが持つ充足感よりも、**「お互いに分かち合うことで得られる満足感・幸福感」**のほうを重要視するようになったのではないかと思います。

食うか食われるかの弱肉強食の経済主義ではなく、**共に手を取り合い、繁栄を目指す経済主義へのシフトチェンジ――**。読者の皆さんは、ご自身の普段の暮らしのなかで、こうした思考や習慣の変化を感じることはありませんか？

頻発する災害や疫病の世界的流行、不透明な国際情勢など、社会環境が著しく変化していく今、わが国の経済のありようも大きな変革期に差し掛かっていると思うのですが、いかがでしょうか。

新しい経済社会は「共生《ともいき》社会」

これまでの資本主義経済の考え方が終焉を迎えた今、当然ながら、次の経済を担っていく、新しい経済主義が登場してきます。

私はそれこそが、**「共生《ともいき》経済」であると位置づけています。**

「共生《ともいき》」は、当社の社名としている「共生《きょうせい》バンクグループ」を見ても分かるように、私自身、ビジネスに取り組む際のベースにしてきた基本的な概念です。そして「共生《ともいき》主義経済」は、その考え方を土台に、私が独自に考案した新しい経済のあり方です。

つまり「共生《ともいき》主義」は、現代のシェアリング・エコノミーを象徴するような価値観であり、これからの社会そのものを豊かにしていく新たな経済主義といえるものです。

生み出された商品・サービスを共有し分かち合うことで、モノだけでなく、心の満足感も徹底的に追求する。そのプロセスの中で、本当の意味での幸福感や豊かさを享受していく、心の充足感をも重視した経済主義なのです。

「共生《ともいき》主義」は言い換えれば、お金ではなく相手を思いやる心が出発点となり、共に喜びを分かち合いながら生きる経済社会です。資本主義が「奪い合い」の社会であっ

たならば、共生主義《ともいき》は「与え合い」の経済社会ということができます。

たとえば、高齢者が元気に過ごせる社会の実現でもあります。高齢者の知識や経験を役に立て、高齢者が生涯現役で、人のために役に立つ仕事をしてもらえる社会でもあるのです。

今の新たな価値観の中で、従来の資本主義の考え方で経済を引っ張ることは、もはや限界を迎えています。今こそポスト資本主義が必要であり、それが「共生《ともいき》主義経済」なのです。

あらためて、共生《ともいき》主義経済とは、以下のような経済のことを指します。

一言でいえば、**「人間の想像力やアイデアを駆使して、隣人のために高付加価値な商品やサービスを次々と生み出し、それをお互いに分配し合うことで共に繁栄する経済のありよう」**ということ。

たとえば資本主義のように、商品やサービスを無限に増やし続けることには大きな価値を見出しません。「自分だけが儲かればいい」といった、自己中心的なふるまいも良しとはしないものです。

真に価値あるものを受け取る「喜び」を得るために、互いに高品質な商品やサービスを生み出そうと努力する。自分が隣人のために「分配（シェア）」すると同時に、隣人も自分のために分配する。そうして、お互いが喜びと幸福を分かち合っていく循環を大事にしていく経済なのです。

その根底には、あらゆる地球資源を「全人類の共有資産」であると考え、一人ひとりの役割・能力・技術を活かしながら、自分以外の人々に分配していこうという想いが備わっています。

共生《ともいき》主義では、こうした好循環を社会に作り出し、共に生きる中で経済が成長していくことが大事です。

みんなで資産を形成して、みんなの共有資産であるはずの国家財政を健全な形に変えていく――。そして、永続的な経済発展のベースをつくり、質の高い成長を促していくことでこそ、私は本当の意味での「経済ビッグバン」が果たせると考えます。

この主義を実践することで、「真に幸福度の高い社会」が実現できるはずだと強く信じているのです。

大事なのは社会への志であり、日本への貢献

私たち「共生《きょうせい》バンクグループ」は、1997年に創業しました。分譲マンション形態のシニアリビング、ホテル、テーマパークなどを中心に、開発実績はこれまで100件以上。不動産分野ではスペシャリストといえます。毎年安定的な成長を続けており、おかげさまで業界でも注目される存在として認知いただいています。

その中で私たちが大切にしてきたのが、まさに「共生《ともいき》」の考え方であり、様々な公的目標の達成を通じて社会を良くしていく使命感です。

1つが本書のテーマでもある「日本の借金をゼロにする」ことであり、共生《ともいき》主義経済」の考え方を広く世の中に伝えたいという想いなのです。

当グループでは、**日本・世界で活躍できる経営のリーダーを育てること**も、これまで力を入れて行ってきました。志ある経営者の集まりである「志士経営者倶楽部」を設立し、すでに120回を超えるセミナーを開催しています。

また、国を良くするという共通理念で集まった超党派議員による「国家経営志士議

員連盟」の運営に尽力するなど、様々な行動を伴いながら今日《こんにち》に至っています。

経営理念として大事なのは、社会への志であり、日本への貢献です。こうした自利利他の精神こそ、私が目指す経済ビッグバンの根底に流れる想いなのです。

では、どうして私自身、そのような社会貢献への想いが芽生えていったのか。少しご説明したいと思います。

「人の役に立つ仕事をしたい」という想い

私は今考えてみれば、我ながらかなり変わった子どもだったなと思います。5歳の頃から、「なんで宇宙が存在しているの？」「どうして人間は生きているのか？」「人生って一体何のためにあるの？」といったことをとりとめもなく考えていました。

両親からそういった話を聞かされたわけでもなく、宇宙哲学の本を読んでいたわけでもありません。なぜかそうした疑問が、頭の中に自然と湧くようになったのです。

人生や宇宙に対する疑問は、中学生になっても続きました。思春期で多感な時期であり、人生についていろいろと思い悩み始める頃でもあります。やがて、「自分の存在価値って何なんだろう?」「自分が生まれてきた理由は?」といったことまで突き詰めて考えるようになりました。

そんな思いを自分のなかで抱え込み、明確な答えを見つけられないまま過ごしているうちに、想いはだんだんとネガティブなものに包まれていきました。そして、「自分は生きている価値がないんじゃないか」とまで考えるようになったのです。自殺も考えました。14歳の時です。その時は前向きな思考になかなかなり得ず、一人で思いわずらい、もがき苦しんでいました。

しかしある日の朝、目覚めたときに、ふと別の考えが浮かんだのです。「自分の存在価値が見いだせない? だったら、誰かのために生きていけばいいのではないか」――そんなふうに考えると、ふっと心が軽くなり、もやもやとしていた頭の中がスッキリと晴れたような気がしました。

なぜ、このような考えが湧いて出てきたのかは自分でも分かりません。でも、自分なりに「生きる理由」みたいなものが見つかったことで、いろんなことが前向きに、積極的に考えられるようになったのです。

結局、そうした生き方や想い、考え方が、私自身の心の深いところにある何かの意識と共鳴したのかもしれません。

それ以来私は、「誰かのために生きる」ことをつねに考え、歩んできたつもりです。これからもその価値観に支えられながら、「誰かのために」を人生の目標に位置づけて、前に進んでいきたいと考えています。

そして、**自分以外の誰かのために生きる。すなわち、人と人が共に支え合って生きていくことを「共生《ともいき》」という言葉で表現しました。**それが、「共生《きょうせい》バンクグループ」の由来なのです。

これまで不動産事業やシニアリビング事業、農業事業など幅広い事業を手がけていますが、その根底にある理念は「共生《ともいき》」です。

新たなビジネスを立ち上げる際にも、つねに「困っている誰かのためになることをやる」というのが原理原則。隣人と共に生き、共に繁栄を目指す「共生《ともいき》」の価値観が、すべてのビジネスに通底しています。

誰かが誰かのために生き、お互いに支え合っていく。そんなことを誰もが考える世の中を作ることができれば、まちがいなく日本は幸福度の高い国に生まれ変わると信じています。

取り合いではなく、全員がよくなる方向を目指す社会

資本主義経済では、物欲が中心でした。一方で、今は心や魂、愛といった欲求を求める人が増えてきました。**21世紀は間違いなく、物欲よりも精神的な欲求が強くなる社会へと変容していく大きな流れ**の中にあります。

資本主義というのは、拡大再生産と利潤追求が目的と書きました。大量に手にして、大量に作り、大量に売って利潤を追求する。しかも、自己の利益追求を最大目的にするのがこれまでの経済原理だったわけです。

その1つが、資源に対する考え方でしょう。地球上にある石油や石炭、天然ガス、レアアース、レアメタルなどの資源について、各国や各企業がわれ先にと取り合い、いざ見つけて権益を手にすると、無くなるまで掘り尽くす。そうした取り合いの過程では、戦争さえ起きることを歴史が証明しています。

しかし、共生《ともいき》主義はまったく違います。取り合いではなく、全員がよくなる方向を目指していくという根本的な考え方があるのです。

地球資源は、固有の誰かのものではなく、みんなのもの。そして、仮に枯渇するようなものがあれば、代わるものをみんなで生み出していけばいい。技術革新によって、新たに創り出していけばいい——という考え方も、その1つなのです。

資本主義では、「資源は有限」という考え方であるために、「奪い合い」の構図が生まれていました。ところが**共生《ともいき》主義での資源は、無限**です。

もちろん、資源そのものには限りがありますが、一方で資源は、人間の創造力・主管力でいくらでも生み出せるということ。枯渇する資源にしがみつくのではなく、みんなで資源を作っていく。それが、経済で大事にしたい考え方といえるのです。

私は10数年以上前に、エタノール・アルコールをサトウキビから造れることを学びました。

自らブラジルに行き、ガス石油メーカーおよび政府と協議して、精製技術を研究。森林を伐採せず、今あるブラジルの耕作面積の土地の10分の1をサトウキビ畑として活用するだけで、日本のガソリンがすべてまかなえるだけのエタノールが生産できるという研究成果にたどり着きました。

つまり、石油が無くてもアルコールが造れる。考え方を変えれば、石油資源さえも新たな技術で生み出すことができるのです。日本をはじめとして、地球上の技術力と創造力を結集していけば、資源枯渇問題は必ず解決できるという確信があります。

地球は誰のもの？

こうした考え方のもとになる大事な概念として、**「オーナーシップ（主意識《あるじ》）」**があります。

たとえば、魚を海で獲りますね。その時点では、魚の持ち主は獲った漁師さんのものです。そのあと、市場や仲卸さんや、スーパーや魚屋さんを通じて所有権が移転して最終的に私たち消費者の手元に届くわけですが、では元をただせば、魚が元々いたところは、一体どこだったのか？　ということです。

それはもちろん海であり、そう考えれば、魚も１つの地球資源といえませんか？

たまたまそれを獲った人が最初の所有者にはなりますが、元をただせば、地球の資源であったもの。そして、地球の天然資源は本来、誰でもなくみんなのものです。魚だけでなく、あらゆるものは地球の天然資源をもとにできていますから、今はたまたまあなたのモノだと主張できても、実は元をただせば、地球にいる「みんなのもの」であったということです。

これが、地球資源はみんなのもの、イコール私のものというオーナーシップをベースにした考え方なのです。

たとえば、ふだん何気なしに歩いている国道は誰のものでしょうか？　定義としては国のものとなりますが、つまるところ、国の主権者たる私たち国民のものでしょう。ということは、あなたのものでもあるわけです。つまりあなたは国道の持ち主でありオーナーなのです。

そこにゴミが落ちていたら、どうしますか？　自分の家の庭に空き缶が放り投げられていたら、あなたはきっと拾いますね。それと同じように、自分の持ち物である国道に空き缶が落ちていたら、自分のこととして捉え、躊躇なく拾う。自分の道にゴミが落ちていたからです。その考え方が、実はすごく大事なのです。

国土も資源も、自分がオーナーの一人であると認識して行動する。それこそが、社会を変えていく共生《ともいき》主義の、大切な要素の1つです。

資本主義は、「自分主義」になってしまうという弊害があります。自分がよければそれでいい、という考えで、自分の都合・動機でものごとを決めていく……。

そうではなく、仮に国会議員であれば、自分や自分の地元のことだけでなく、国民みんなの生活であり、国益のために何ができるか、という立場で考えることが大事というわけです。

そこには、法律上の「主権在民」、主権は国民のものであるという考え方が基軸にあります。昔は主権を持つのは国家元首だったのが、今は国民一人ひとりがそれを持っているわけです。これこそ、共生《ともいき》主義の大事な理念の表れだと私は思っています。

国民一人ひとりがオーナーシップの考え方を持ち、あらゆる課題を「自分のこと」として捉えながら政治に参画する。私は、1億2000万分の1の「国の権利証書」を発行して、それを成人式で新成人に渡してあげれば良いと思っています。それによって、若者の意識もより主体的なものへと変わっていくかもしれません。

さらに言えば、地球は77億人の共有の持ちものなのです。私は地球のオーナーという立場です。どの国も地域も、いわば「自分の家」でもある地球の一部なのだから、環境破壊も戦争・紛争も止めて欲しい——。そうしたオーナーシップの考え方や行動につながっていくのが、共生《ともいき》主義によって生まれていく世界観です。

共生《ともいき》という思いには、オーナー同士のパートナーシップで「共に栄える」「共に生きる」「共に価値を上げていく」といった意味が込められています。「みんなで一緒にやりましょう」という協働の価値観が、そこにはあります。

国のオーナーとして日本の課題を共に解決して、大事な日本という国を、次の世代へとつなげていきたい——。そのための行動を、みんなで起こそうと考えているわけです。

革新的技術で第1次産業がさらに躍進する

地球資源さえも、未来型の技術で創り出すことができると先の項で説明しました。

そうした優れた技術力は、日本が長く培ってきた大切な財産です。

それを海外にもっていき、外需を獲得していく必要性を述べてきたのと同じく、日本の革新的技術に投資することも重要な戦略の1つです。近い将来、水産業、林業を含めた第1次産業が飛躍する時期が必ず訪れると考えているからです。

情報技術の革新と、農業をはじめとした第1次産業がリンクしていくことは、世の中にとって非常に大きな意味を持つものです。

「共生《きょうせい》バンクグループ」では、10年以上も前から農業や林業、漁業の技術者と緊密な連携をとりながら、日本の第1次産業を変えていくための技術革新を後押ししてきました。

バイオテクノロジーや土壌改良技術で農作物本来が持つ能力を最大限に引き出す「アグレボバイオテクノロジー」もその1つ。また、森林の樹々を食用に変えることのできる資源再生装置の開発や、水産業では独自技術によるウナギの完全養殖の事業計画も進行中です。

こうした第1次産業を後押しするプランを、共生主義《ともいき》にもとづいた、まさに「みんな」の力で実現させていこうとしているわけです。

最先端技術を用いたイノベーションを起こすことで、日本だけでなく世界を変える。付加価値の高い新たな技術によって、本物の商品サービスを作り、世の中に分配していく――。それが私の大きな願いであり、ビジネスの目標でもあるわけです。

高付加価値社会とは、「高効率濃密社会」

国民の一人ひとりが地球資源のオーナーとして、自覚と責任を持つこと。少しおこがましい言い方にはなりますが、そうした意識が、これからの日本を変えていくことになると、私は思います。

そして、革新的な新しい技術によって、商品やサービスの付加価値を高めていく。その結果実現できる**高付加価値社会は、「高効率濃密社会」**と言い換えることもできます。

高効率濃密社会とは、読んで字のごとく、高い効率性を持ちつつ、密度の高い効果を発揮できる社会。効率よく、無駄のない社会とも言い換えられるでしょうか。

でも、単に効率だけを追求して品質が落ちるような、「安かろう、悪かろう」といったものでは決してありません。上手に無駄をなくし、効率良く最大限の成果を発揮する。最小限の手間や負荷で、最大限の効果をもたらす、最小最大の法則にもとづいた経済効果、といえるものです。

実はこうした経済の仕組みも、「共生《ともいき》」の考え方をベースにすることで実現できていきます。

たとえば、東京から長崎に、何かの荷物をトラックで運ぶことになったとき。長崎までの1200キロの道のりを、荷物を積んで走ったあと、東京への帰りの荷台が空のままでは実にもったいないことです。

このとき、あらゆる情報がつながって、長崎から東京までの物品の輸送を求めている人がいることが分かり、そのニーズに瞬時に応えることができればどうでしょうか。経費も節減できて、トラックの運行自体、無駄がなくなります。「共生《ともいき》」の概念の中で、みんながつながることによって、高効率で無駄のない社会が実現できていくわけです。

これが、高効率濃密社会です。物流についての1つの例を挙げましたが、これはあらゆる業界において考えられるイノベーションです。

そして、共生の概念をベースに、「高効率濃密社会」を実現する上でのカギになるのは、やはり革新的な技術の導入。その1つが、近年注目されている**ブロックチェーンとAI・IoT技術の活用**だと考えています。

これから人口の「爆縮」を迎える日本でも、この2つの技術を活用して「高効率濃密社会」を実現すれば、必ずや持続的な経済発展の道筋が描けると思うのです。

ブロックチェーンで国と行政と国民がひとつにつながる

社会の新たな概念である「共生《ともいき》」の実践には、革新的技術を起こし、活かしていくことが大事です。「共に生きる社会」を実現し、**新しい社会インフラをつくるための技術として、ブロックチェーンシステムの活用は大きなカギを握る**と私は思います。

前述しましたが、ブロックチェーンとは、複数のコンピュータに暗号技術を組み合わせ、取引情報などのデータを同期して記録する手法のこと。勝手に変更や削除、改ざんなどができず、正しい取引のみが記録されるネットワーク共有型のデータベースです。

中央集権的な情報収集でなく、個々が情報を交換し合いながら、情報を蓄積して共有します。不正を防ぎ、情報管理の主体が個々の単位に代わっていく……といった様々な効果が期待できます。

ブロックチェーンは、すでに仮想通貨やシェアリング・エコノミーに関する様々なサービスで使われていますが、それ以上に幅広い分野で活用できます。

政府による戸籍・住民票の管理、不動産や法人登記などの手続きは、ブロックチェーンの導入によってコストが大きく低減でき、サービスを受ける際の負荷も、従来に比べて圧倒的に軽くなることが見込まれます。

不動産の登記料は高いのがネックであり、取得税や登録免許税が10%もかかることがあります。1億円の不動産が10回売買されたら2億円にもなり、現在のIT社会でこうした費用がかかるのはもはやおかしく、それをブロックチェーンによって改善すれば、驚くような格安さで取引・管理ができるのです。浮いた予算で新たな設備投資を行い、生産性を上げていった方が絶対に良いでしょう。

納税処理や国の会計処理も、ブロックチェーンを活用すれば、はるかに迅速性が増します。もちろん企業においても、それほど負荷をかけることなく、月次決算や日次決算だって即座に可能になります。

銀行など金融機関の手続きでも、私たちはあらゆる決済業務や送金についての手数料を当たり前のように支払っていますが、ブロックチェーンを組めばタダ同然になります。無駄なコストや手間がかからず、スピード感のあるスマートな経営・運営ができるわけです。

ブロックチェーンの構築で個人情報の漏洩を心配する向きもありますが、共有すべき情報は共有して、すべきものではないものは暗号化するなど、秘密を厳重に守ることを徹底すれば良いでしょう。そのすみ分けは技術的には十分に可能で、柔軟性をもって物事を捉えつつ、取るべきリスクは取ることも必要なのです。

また、ブロックチェーンで最も効果があるのが、国民の健康の維持管理であると私は考えます。病気になった人の生活習慣や既往歴など、ブロックチェーンによって集めたビッグデータを活用して、個々の病気予防に役立てることができます。

予防医療の重要性はすでに言われていることで、ブロックチェーンの加速によって、医療費の削減が進むことも大きく期待できるのです。

軍事費よりも価値のある、地球環境への投資

地球資源はみんなのもの、という共生の理念に沿えば、盛んに言われる今の地球環境問題も、これまでとは違った意識で見ることができるのではないでしょうか。

地球は、あなたにとっての「自分のもの」でもあるのです。誰だって、自分が大事にしているものを勝手に汚されたり、壊されたりすれば、きっと怒ると思います。そうした視点を少しでも持ちながら、これからの地球環境を捉えていってほしいのです。

2020年秋のアメリカ大統領選での民主党候補、ジョー・バイデン前副大統領は、7月14日、地球温暖化に関する政策目標を発表し、脱炭素社会を実現するために、環境関連のインフラ投資に4年間で2兆ドル（約214兆円）を投じると表明しました。

2035年までに、電力部門の二酸化炭素（CO2）排出ゼロを目指すとも付け加

え、環境保全への積極的な取り組みについてアピールしました。

中国に次ぐ世界第2位の膨大なCO2排出国である米国だけに、そうした宣言も当然かと思いますが、この2兆ドル、つまり約200兆円の投資額は、世界各国のすべての軍事費の年間の合計とほぼ同じほどの大きな額なのです。

もちろん、米国の環境投資額は4年間の合計という金額であり、同国の軍事費は年間約75兆3000億円(2019年)と増額を続けていますが、ようやく世界の先進国が、地球環境の保全について本腰を入れ始めた表れ……と言えるかもしれません。

こうした環境問題に「自分ごと」として目を向けていくことから、「共生《ともいき》」の考え方の浸透は少しずつでも進んでいくと思います。

共生《ともいき》の時代は、まだ始まったばかりです。従来の資本主義の延長で、自己の利益のみを最大化させるのではなく、「共に栄える」「共に生きる」「共に価値を上げていく」という想いと行動を共有することで、希望に満ちた未来を一緒につくりませんか?

何もせず、ただじっと待っていても、未来は決して変わりません。

まずは今の皆さんの想いが変わることで、きっと明日の行動が変わります。それが、日本と世界の経済と社会を変えていく、1つひとつの種になると、私は思います。

7章のまとめ

◆資本主義は従来の拡大再生産の役割を終え、量ではなく質を高めていく「高質再生産」の時代へと移り変わっていく。

◆共に手を取り合い、繁栄を目指す経済へのシフトチェンジ。資本主義に代わる新しい社会「共生主義《ともいき》」が登場。

◆「共生主義《ともいき》」はお金ではなく相手を思いやる心が出発点となり、共に喜びを分かち合いながら生きる経済社会。「奪い合い」の資本主義社会から、「与え合い」の共生《ともいき》主義社会が到来する。この主義の実践によって、「真に幸福度の高い社会」が実現できる。

◆国土も資源も、自分がオーナーの一人であると認識して行動する「オーナーシップ」も、社会を変えていく共生《ともいき》主義の大切な要素。

◆新たな社会は、「高効率濃密社会」。高い効率性を持ちつつ、密度の高い効果を発揮できる社会の構築が求められる。実現の大きなカギが、ブロックチェーンとAI・IoT技術の活用。

おわりに

今回の書籍の原稿を執筆しているさなか、7年8カ月にわたって続いた第2次安倍政権が終わり、菅義偉氏が第99代内閣総理大臣に就任しました。

日本経済の面からいえば、2012年12月に始まったアベノミクスの終焉ということになります。

振り返ればアベノミクスとは、「3本の矢」を柱とする経済政策であり、「大胆な金融政策」「機動的な財政出動」「民間投資を喚起する成長戦略」の3つの柱によって、日本経済を立て直そうというプランでした。

8年弱もの長きにわたった期間を経て、日本の経済はどうなったか。

アベノミクスの功罪については、個人的見解を好きに述べる評論家たちの評価に委ねるとして、厳然たる事実として残ったのは、債務残高1100兆円という、依然として減らない国の膨大な財政赤字でした。

本書では、次の世代にこうした負債を残したくない……という想いのもと、国の借金の解消を目指してスタートした壮大なプロジェクトについて紹介しました。

その裏には、私たち「共生《きょうせい》バンクグループ」が実践してきた不動産投資ビジネスの確かなノウハウがあり、不動産証券化事業で築いてきた、確固たる実績が存在しています。


これまで、不動産開発やホテル営業、シニアリビング運営、上場企業の再生事業などを行なう一方で、2007年に国土交通省所管の法律「不動産特定共同事業法」に基づく許可を取得。「みんなで大家さん」というまったく新しい共生型の不動産賃貸事業を展開してきたのが当グループです。

その結果、当初多くの人が成功を疑問視した前例のないビジネスで飛躍を遂げ、業界において確固たる地位を築くことができました。

だからこそ、本書に記したストーリーは、決して夢物語などではないリアルなプロジェクトであるという事実を、多くの方に知っていただきたいと思っているのです。

折しも、2020年9月にスタートした菅政権は、「自助・共助・公助」というスローガンを掲げ、自助・自立する個人を尊重し、その条件を整えるとともに、共助・公助する仕組みを充実させる社会像を目指すと宣言しました。

本書で紹介した、私たちのビジョンである「共生《ともいき》主義」。そして日本の経済と財政を変えるインパクトとなり得る「共生日本《ともいきにっぽん》ゲートウェイ成田」プロジェクト――。新たな時代の流れに呼応しつつ、次の日本を創っていくためのロールモデルとして、確かな第一歩を記したと私は確信しています。

ところで、本書では当初第8章に「老後はみんなで公務員」というシニア世代対象の国民皆雇用制度のお話をする予定でしたが、文字数及びページ数の関係上割愛させていただきました。明るい高齢社会は現代の若者たちにも将来への希望を与えることに繋がりますので、次書籍に記したいと思料しております。

いよいよ始まった、私たちの未来を変えていくための希望に満ちたストーリー。そのプロセスを、ぜひ皆さんも楽しみにしていてください。

最後になりましたが、この本の執筆にあたりご協力いただきました、皆様にはこの場をお借りしまして深く感謝申し上げます。

■著者紹介
柳瀬公孝（やなせ・まさたか）

1966年生まれ、子女八人（五男三女）
共生バンクグループ 代表
世界空眞流空手道連盟 副会長（門人200万人）
一般社団法人「みんなで農家さん」代表理事

【社会貢献プロフィール】（国づくり運動）
2002年、独立系政策シンクタンク「日本政策フロンティア」設立に参画、最高顧問に稲盛和夫氏を迎えて2年にわたりマニフェストを制作し、「しがらみ一掃」運動を通じて統一地方選挙で56名の推薦議員が当選する。2005年、NPO法人「地球共生機構」設立し、共生社会についての講演活動を開始し、2009年には「志士経営者倶楽部」を設立し理事長就任と共に計120回に及ぶ勉強会を開催、2011年、64名の国会議員から成る「国家経営志士議員連盟」設立、国を経営するという思想を広める。2016年から「ともいき（共生）主義」に基づく国づくり運動として、「ともいきの国」建国運動を開始している。

【ビジネスプロフィール】
1992年より資産家の財産コンサルティングを行う傍ら、建設・不動産会社を設立し、定期借地権付き分譲マンション事業を行う等、収益不動産・マンション・戸建て分譲事業に従事、「近畿圏定期借地権住宅推進機構」設立メンバーとして理事と事務局を担当する。1997年に都市綜研インベストバンクグループ（現共生バンクグループ）を設立し、不動産開発、不動産証券化、不動産ファンドなどの事業で業容を拡大しながら、ホッコク（ジャスダック）や経営コンサル会社日本エル・シー・エー（東証二部）の上場会社の経営を行う。
現在、グループ会社は20社を超え、総資産は700億円（潜在的総資産6500億円）、売上高は330億円を超える。人や環境の“為に生きる”という「共生（ともいき）」の考えに基づいた企業活動を主軸に、豊かな社会の創造を目指している。事業領域は、バイオテクノロジー、ナノテクノロジーの研究・開発・普及ほか、不動産開発／ファンド事業／社会福祉事業／航空事業／ホテル事業／テーマパーク事業など多岐にわたる。大型プロジェクトの一つとして、成田空港の至近に敷地面積45.5万㎡、総工費2000億円規模の巨大な複合型商業施設の建設が進行中。

出版プロデュース／株式会社天才工場　吉田浩
編集協力／栗栖直樹
海老沼邦明
株式会社マーベリック　大川朋子・奥山典幸
カバーデザイン／若林繁裕
本文デザイン・DTP／小山弘子
図版デザイン／林慎平
校正／鷗来堂
写真提供／共同通信社 (P164)
BUD international／アマナイメージズ／共同通信イメージズ (P191)
ビリビリ／新華社／共同通信イメージズ (P193)
新華社／共同通信イメージズ (P199)

みんなで大家さんビッグバンシリーズ 経済編
ミラクルマネー
国民所得倍増&国の借金1100兆円完済への道

2020年12月10日　初版第1刷発行

著　者　**柳瀬公孝**

発行者　廣瀬和二

発行所　辰巳出版株式会社
〒160-0022
東京都新宿区新宿2-15-14　辰巳ビル
TEL　03-5360-8064（販売部）
FAX　03-5360-8951（販売部）
URL　http://www.TG-NET.co.jp

印刷・製本　図書印刷株式会社

Printed in Japan
ISBN978-4-7778-2718-3